Jürgen Bruhn

KI Schlägt die Maschine den Menschen?

Jürgen Bruhn

KI Schlägt die Maschine den Menschen?

Tectum Verlag

Jürgen Bruhn
KI
Schlägt die Maschine den Menschen?

ISBN 978-3-8288-4220-5
E-PDF 978-3-8288-7182-3
E-Pub 978-3-8288-7183-0

Umschlaggestaltung: Tectum Verlag, unter Verwendung eines Bildes
der Daimler und Benz Stiftung/Oestergaard

Abbildung im Innenteil: © Daimler und Benz Stiftung/Oestergaard

Druck und Bindung: FINIDR, Český Těšín
Printed in the Czech Republic

Besuchen Sie uns im Internet:
www.tectum-verlag.de

FSC www.fsc.org MIX Papier aus verantwortungsvollen Quellen FSC® C014138

Bibliografische Informationen der Deutschen Nationalbibliothek
Die Deutsche Nationalbibliothek verzeichnet diese Publikation
in der Deutschen Nationalbibliografie; detaillierte bibliografische
Angaben sind im Internet über http://dnb.d-nb.de abrufbar.

Noam Chomsky gewidmet

Inhalt

Kapitel 1

Silicon Valley und die digitale Revolution

Im September 1995 trafen sich 500 führende Konzernmanager, Banker und Wirtschaftswissenschaftler aus allen Kontinenten zu einer Konferenz im Fairmont-Hotel in San Francisco, um die Zukunft von Arbeit, Wachstum und Automation im 21. Jahrhundert vorherzubestimmen. Viele Teilnehmer nannten sich selbst bereits „Masters of the Universe". Einer von ihnen, John Gage, Topmanager (CEO) bei der Silicon-Valley-Computerfirma Sun Microsystems begann die Konferenzdebatte zu dem Thema „Technologie und Arbeit in der zukünftigen automatisierten Wirtschaft".

So wie Google, Apple, Facebook und Microsoft heute galt Sun Microsystems zu Ende des 20. Jahrhunderts als Star der Branche für Computerprogrammierung und Künstliche Intelligenz. Das Unternehmen konnte sich unter anderem die Entwicklung der Programmiersprache „Java" auf die Fahnen schreiben, und sein Aktienkurs hatte an der Wall Street alle Rekorde gebrochen. Großspurig behauptete John Gage, bei Sun Microsystems könne jeder arbeiten, egal, wo er herkomme. Seine Programmierer bräuchten keine Visa. Die US-Regierung mache ihnen keine Vorschriften und stelle keine einschränkenden Regeln auf. Derzeit, fuhr Gage fort, bevorzugten sie gut ausgebildete Informatiker aus Indien. Wir holen uns die besten Informatiker der Welt per Computerklick ins Haus, erstellen bei uns die intelligentesten Programme. Und später wird das Unternehmen sie ebenfalls mit einem einfachen Computerklick wieder entlassen, nämlich dann, wenn die eigenen Computer die Arbeit dieser Programmierer selbstständig ausführen könnten. 2010 wurde Sun Microsystems mit dem Internetkonzern Oracle verschmolzen.

David Packard, Mitbegründer des Hightech-Riesen Hewlett-Packard, unterbrach Gage und fragte ihn, wie viele Mitarbeiter er denn in der automatisierten Zukunft für Sun Microsystems benötigen werde. „Sechs, vielleicht acht", antwortete Gage prompt. Dabei sei es völlig gleichgültig, aus welchem Lande sie kämen. Einer der Moderatoren der Konferenz, der Ökonomieprofessor Rustum Roy von der Pennsylvania State University, fragte nach: Wie viele Leute denn momentan für Sun Microsystems arbeiten würden. Gage antwortete: 16.000. Aber sie würden schon bald bis auf eine kleine Minderheit zur „Rationalisierungsreserve" gehören.[1]

Niemand in der Festhalle des Fairmont-Hotels schien von dieser Antwort überrascht zu sein. Wie selbstverständlich nahmen die Masters of the Universe die deutliche Aussicht auf bis dahin ungeahnte Arbeitslosenheere hin. Lester Brown, damaliger Leiter des Washingtoner Worldwatch Institute und Teilnehmer der San-Francisco-Konferenz, berichtete, die Manager der Hightech- und Internetbranche wie auch die anwesenden Banker und Wirtschaftswissenschaftler seien davon überzeugt gewesen, dass noch vor Beginn der zweiten Hälfte des 21. Jahrhunderts lediglich „20 Prozent der arbeitsfähigen Bevölkerung" ausreichen würden, um die Weltwirtschaft in Gang zu halten. Mehr Arbeitsplätze, so hatten es Gage und andere Konferenzteilnehmer prognostiziert, seien dann nicht mehr erforderlich. Die anderen Arbeitsplätze würden von Computern und Robotern übernommen werden. Keiner schien an diesem unaufhaltsamen Weg in die Automation zu zweifeln.

Die überflüssigen, wirtschaftlich nicht mehr relevanten 80 Prozent, also vier Fünftel der Weltbevölkerung, sollten aber nicht auf dumme Gedanken kommen, denn durch „Tittytainment", das heißt mit einer Mischung aus betäubender Unterhaltung („intoxicating entertainment") und ausreichender Ernährung am Busen („tits") der wenigen Produktiven, sollte die frustrierte Bevölkerung der Welt bei Laune gehalten werden. Zbigniew Brzezinski, Unternehmensberater und ehemaliger nationaler Sicherheitsberater von US-Präsident Jimmy Carter, hatte die hübsche Wortschöpfung Tittytainment auf der Konferenz in Umlauf gebracht.

Sun-Microsystems-Manager John Gage setzte jedoch noch eins drauf, indem er hervorhob, die zukünftige Frage laute, entweder zu essen zu haben oder gefressen zu werden („either to have lunch or be lunch"). Der an der Konferenz teilnehmende US-Wirtschafts- und Sozialwissenschaftler Jeremy Rifkin, der im gleichen Jahr sein

Buch *The End of Work* herausbrachte, warnte jedoch: „Die unteren 80 Prozent werden wegen der fehlenden Kaufkraft und ihrer Deklassierung größte Probleme aufwerfen, die wir heute noch nicht absehen können."[2]

Tittytainment kennen wir, wenn auch unter anderem Namen, aus Aldous Huxleys Zukunftsroman *Brave New World*. Dort werden die Massen, die Gamma-Menschen, mit „Soma-Pillen" ruhiggestellt. Tittytainment kennen wir auch aus der Geschichte des antiken Rom, wo die Massen mit „Brot und Spielen" (*panem et circenses*) besänftigt wurden, vor allem, um Aufstände zu verhindern. Wie Tittytainment allerdings das Problem der Kaufkraft von vier Fünfteln der Weltbevölkerung lösen soll, bleibt ein Rätsel. Soll das eine Fünftel der Beschäftigten, die sogenannten „Symbolanalytiker" der kommenden „Wissensökonomie" – beide Termini stammen aus Robert Reichs *Die Neue Weltwirtschaft* –, alles kaufen, was die transnationalen Konzerne produzieren? Oder sollen nur noch Luxusgüter für diese 20 Prozent hergestellt werden?[3]

Der Ökonomieprofessor Rustum Roy, der ebenfalls an der Konferenz teilnahm, regte an, man könnte doch ehrenamtliche Tätigkeiten der Arbeitslosen – der „von der Arbeit Freigesetzten" – für freiwillige Gemeinschaftsdienste, für Krankenpflege, für Nachbarschaftshilfe, für Straßenreinigung, für Arbeit in Kirchen und Sportvereinen durch eine bescheidene Bezahlung aufwerten und so die „Selbstachtung von vielen Millionen Menschen" zu fördern. Sind wir also unterwegs zu einer neuen Zivilisation, die in Zukunft mit Algorithmen gesteuerten Hochfrequenzcomputern und ihrem Informationsmonopol vier Fünftel der Weltgesellschaft mit Almosen abspeist und mit Brot und Spielen im Zaum hält?

Konferenzteilnehmer John Sculley, damals Topmanager bei Apple, prognostizierte, dass am Re-Engineering und der Re-Organisation der Arbeit durch den Einsatz von Computern, Robotern und Sensoren in den nächsten dreißig Jahren kein Weg vorbeiführe. Forschung und Entwicklung seien nun einmal nicht aufzuhalten. Dennoch, so

Sculley, könnte die auf uns zukommende Automation in der Wirtschaft so massiv und destabilisierend sein wie der Beginn der industriellen Revolution. Mittel und Wege, wie dieser Herausforderung entgegenzutreten sei, konnte der erfahrene Manager nicht aufzeigen. Dazu, so Sculley, sei er nicht in der Lage.

Der Wirtschafts- und Sozialwissenschaftler Jeremy Rifkin meinte dazu, diese Entwicklung werde nicht nur die Entmündigung der Gesellschaft, sondern auch das „Ende der Erwerbsarbeit" schlechthin bedeuten. Ob uns bis 2030 eine „utopische oder dystopische Zukunft" bevorstehe, hänge größtenteils davon ab, wie wir die Produktivitätszuwächse, erwirtschaftet durch Automation, in der neuen Wissensökonomie verteilten. Rifkin plädierte für die Errichtung eines „3. Sektors" in der Wirtschaft, einer Art Parallelwirtschaft, die durch die Besteuerung des 1. Sektors, also der in der Zukunft automatisierten, beinahe arbeiterlosen Marktwirtschaft, finanziert werde und damit alternative Jobs und neue Entlohnungsformen für die aus dem 1. Sektor ausgegrenzten Menschen schaffe (als 2. Sektor bezeichnet Rifkin die öffentlich-staatliche Wirtschaft). Die Ausgegrenzten würden damit, so Rifkin, keine Almosen von den Eliten (Symbolanalytikern) des 1. Sektors erhalten, sondern für „echte soziale Arbeit" bezahlt werden. Mit echter sozialer Arbeit meinte er: Krankenpflege, Recycling, Heimarbeit, Umweltschutz, Stadtteilpflege, Jugendbetreuung, Aufziehen der Kinder etc.[4]

In einem Interview mit Jeremy Rifkin kurz nach der San-Francisco-Konferenz äußerte sich der US-Ökonom Don Kennedy zu den Folgen einer immer größer werdenden Arbeitslosigkeit durch Automation und einer möglichen zukünftigen Entlohnungsform für den 3. Sektor. Er stellte die Frage, was in naher Zukunft passieren würde, wenn wir die besten Produkte zu den niedrigsten Kosten und mit der höchsten technischen Qualität herstellten, aber niemand es sich leisten könnte, sie zu kaufen. Wir sollten wieder begreifen, dass die Nachfrage nach Gütern und Dienstleistungen eine Funktion des Einkommens sei. So, wie es John Maynard Keynes postuliert habe. Deshalb müssten wir über neue Formen der Einkommensverteilung nachdenken und nicht nur über Entlassungen, um Kosten zu senken. „Unser Problem wird sein: Wie bringen wir Einkommen und damit Kaufkraft zu den Massen, die in der Marktwirtschaft keine Beschäftigung mehr finden? [...] Wenn in naher Zukunft die arbeiterlose Technologie den materiellen Wohlstand der Gesellschaft produziert, dann müssen wir einen gänzlich neuen Weg finden, um diesen Wohlstand zu verteilen. Und zwar müssen wir ihn außerhalb der Marktwirtschaft finden, nämlich im sozialen Bereich.“[5]

Der US-Wirtschaftswissenschaftler Richard D'Aveni, der fast gleichzeitig mit Rifkins Buch *The End of Work* seinen Bestseller *HyperCompetition* herausgebracht hatte, war da ganz anderer Meinung. Er behauptete darin, dass sich das unaufhaltsame Verschwinden des Produktionsfaktors Arbeit als die letzte große, völlig systemimmanente Aufgabe des Kapitalismus erweisen werde. Nach D'Aveni ist es geradezu die Pflicht der Manager, durch einen immer beschleunigteren Einsatz von Computern und Robotern, also durch immer schnellere Technologieerneuerung im Produktions- und Dienstleistungsprozess, den Produktionsfaktor Arbeit zu verabschieden. Die zukünftige Wissensökonomie müsse vom viel zu kostspieligen Faktor Arbeit befreit werden. Nur so könnten sich in Zukunft die transnationalen Hightech-Konzerne und Großbanken im globalisierten Wettbewerb behaupten.[6]

Fassen wir zusammen: In den Plänen dieser elitären Visionäre sind also 80 Prozent der Weltbevölkerung im zweiten Teil des 21. Jahrhunderts dazu ausersehen, sich nach ihrer Ausscheidung aus dem 1. Sektor der Wirtschaft ruhig zu verhalten, sich mit Tittytainment zufriedenzugeben und den „totalitären digitalen Kapitalismus“ (Frank Schirrmacher) zu erdulden.[7] Doch die Frage bleibt bestehen: ob in der digitalen Zukunft nicht doch noch eine Gesellschaft entstehen könnte, an der sich zumindest ein großer Teil der Menschen sinnvoll zu beteiligen vermag, wie es Jeremy Rifkin und Don Kennedy skizziert haben. Andererseits folgt das Verhältnis 20 : 80, sprich die Einfünftelgesellschaft, wie sie die Masters of the Universe in San Francisco skizziert haben, durchaus der technischen, wissenschaftlichen und wirtschaftlichen Logik, mit der die oben Genannten die globale, von immer mehr künstlicher Intelligenz geleitete Wirtschaft und Gesellschaft zur finalen Effizienz- und Wettbewerbsfähigkeitsbesessenheit vorantreiben. In diesem mit ungeheurer Geschwindigkeit sich fortsetzenden technologischen Welt-Wettlauf haben sich Wissenschaft, Forschung, Management und Kapital zu einem – wie es scheint – gleichgeschalteten Bollwerk zusammengefunden. Das kalifornische Silicon Valley ist der Vorreiter dieser digitalen Revolution.

In der Zwischenzeit – wir schreiben das Jahr 2018 – hat sich in Forschung, Entwicklung, Techno-Wissenschaft und Wirtschaft vieles mit einem geradezu exponentiellen Wachstum und einer exponentiellen Leistungsfähigkeit fortentwickelt. Der Einsatz Künstlicher Intelligenz hat bereits viele Jobs eliminiert. Bei den großen Autokonzernen Ford, General Motors, Toyota, VW wird die Produktion in den Werkshallen schon zu über 40 Prozent von Robotern, Computern und Sensoren durchgeführt. Man nähert sich also mit großen Schritten Zahlen an, wie sie auf der San-Francisco-Konferenz mit unverhohlener Begeisterung gehandelt wurden. Und auch vom großen Rest der Auto- und Industriearbeiter im Allgemeinen wird bald nur noch ein Teil benötigt werden. Eine neue Generation von Supercomputern und sich selbst steuernden Robotern wird in den nächsten 10 bis 15 Jahren die Restarbeit übernehmen. So steht es jedenfalls in einem News Release des „Second International Global Future 2014 Congress" in New York vom Juni 2013 und in einem Bericht des „Deutschen Forschungszentrums für Künstliche Intelligenz" in Potsdam (DFKI) vom März 2013.[8]

In dem Potsdamer Bericht ist unter anderem zu lesen, die computergesteuerte Fabrik der Zukunft („Computer Integrated Manufacturing", kurz CIM genannt) werde „intelligente Roboter sehen, die sich selbst steuern und sich gegenseitig optimieren, um intelligente Produkte herzustellen". Dabei komme es in den zukünftigen „smart factories" zu einem „Paradigmenwechsel", so Professor Wolfgang Wahlster, Leiter des DFKI in Potsdam: „Wir gehen weg von der zentralen Fabriksteuerung hin zu einer dezentralen Steuerung." Dabei werde die smarte Fabrik über das Internet mit der globalen Warenwelt verknüpft. Der Trend, so Wahlster, gehe dahin, Bauteile in kleinen Stückzahlen und auf direkte Kundenanforderung zu produzieren. Das werde die Verschwendungsrate senken, Kosten minimieren und die Auslieferung beschleunigen. Durch die informationstechnische Vernetzung könne der Rohling einer Produktionsmaschine mitteilen, wie und wo er bearbeitet werden wolle. „Er beantragt beim Roboter: Bitte schleife mich an dieser Stelle, oder färbe mich an dieser Stelle rot." Das, so Professor Wahlster, sei eine „völlige Umkehrung der bisherigen Produktionslogik. Erst durch diese von Algorithmen gesteuerten und von Supercomputern geleiteten Roboter wird es zu den beinahe arbeiterlosen smarten Fabriken kommen."[9]

Professor Wahlsters Prognose aus dem Jahr 2013 nimmt nun auch in den USA Gestalt an. Eine neue Generation kleiner und intelligenter Roboter – die Generation 4.0 – treibt die Automatisierung der Wirtschaft voran – und damit auch die Arbeitslosigkeit. Nicht nur Deutschland, das Land, das schon länger eine Vorreiterrolle bei der Automatisierungstechnologie einnimmt, sondern nun vermehrt und beschleunigt Internetkonzerne aus dem Silicon Valley wie Google, Facebook, Apple, Amazon und andere drängen als neue finanzmächtige Akteure in den Markt der digitalisierten Maschinenwelt. So kauft der Suchmaschinen- und Übersetzungsmaschinen-Krake Google – seit 2015 Alphabet Inc. genannt – heute reihenweise Robotikunternehmen auf und hat inzwischen ein selbstfahrendes, automatisiertes Auto entwickelt, das nichts anderes ist als ein Roboter, eine autonom operierende Maschine, die ständig lernt und ihre Intelligenz aus der Datenwolke erhält.

Wie die *New York Times* am 6. November 2017 schrieb, experimentiert Google schon seit einigen Jahren auf Testgeländen, aber auch im realen Straßenverkehr mit fahrerlosen Autos, die völlig autonom sind. Das Ziel: die Welt des Verkehrs und Transports mit vollautonomen Autos zu versorgen. Google ist der Pionier der selbstfahrenden Autos. Natürlich arbeiten auch andere Tech-Konzerne des Silicon Valley an solchen Projekten. Doch im Gegensatz zur Konkurrenz geht Google nicht den Umweg über teilautonome Autos und Fahrerassistenzsysteme, sondern überlässt algorithmengesteuerten Robotern die alleinige Kontrolle über das Fahrzeug. Die Google-Ingenieure sind davon überzeugt, dass nur so an das Problem herangegangen werden kann, seien doch teilautonome Autos zu gefährlich. Bei solchen Systemen trage der Fahrer noch immer die Verantwortung und müsse stets in der Lage sein, einzugreifen. Er dürfe zum Beispiel während einer stundenlangen Fahrt auf dem Highway nicht einschlafen oder telefonieren, könnte doch sonst ein Unfall passieren. Dieses im Faktor Mensch verortete Problem lasse sich nur beheben, wenn die Maschine stets die ausschließliche Kontrolle habe. Deshalb soll bei möglichen kritischen Situationen nicht der Mensch als Fahrer, sondern ein zweiter Roboter intervenieren. Es ist der deutsche Informatiker und Computerwissenschaftler Sebastian Thrun, 1967 in Solingen geboren, der das total autonome, fahrerlose Google-Auto miterschuf. Schon als junger Professor an der Stanford University entwickelte er Anfang dieses Jahrhunderts mit einem Team ein selbstfahrendes Auto. Google kaufte ihn daraufhin ein und machte ihn später zum „Leiter der Geheimlabore“. Die Milliardeninvestition der IT-Konzerne und der Autoindustrie in selbstfahrende Autos gehen zu einem großen Teil auf die Pionierarbeit des Deutschen zurück.

Das Auto wird sich also grundlegend ändern. Es wird bei selbstfahrenden Autos keine Fahrer mehr geben, sondern nur Passagiere. Nicht nur auf den Testgeländen, sondern auch auf realen Straßen und Highways haben Googles vollautonome Autos bereits Tausende Meilen abgefahren. Das Unternehmen scheint für den Start auf diesem Markt also bestens vorbereitet. Diese Entwicklung bedeutet damit das Ende der gegenwärtigen Autoindustrie, und auch die vielen Taxi-, Bus-, U-Bahn- und Eisenbahnfahrer werden ihren Job verlieren. Individuelle Fahrerautos werden nicht mehr hergestellt werden, sondern kommunale, fahrerlose, autonome Autos, bei denen die Passagiere ihre Privatheit und Autonomie für eine neue Mobilität aufgeben müssen. Nach Google-Berechnungen fuhren bis 2015 weit über 1 Milliarde Fahrerautos auf den Straßen unseres Planeten. Mit der neuen Mobilität würden ungefähr 50 Millionen kommunale, autonome, fahrerlose Autos 1 Milliarde Privatautos ersetzen und so Umweltverschmutzung, Ressourcenverbrauch und Treibhausgase enorm verringern. Zudem werden die Unfälle mit Toten und Verletzten auf den Straßen dabei um 90 Prozent reduziert.

Uber, der Transportdienst, hat Anfang 2015 eine Robotik-Forschungsabteilung eingerichtet und dabei 50 führende Wissenschaftler aus etablierten Forschungsinstituten – vor allem der NASA – abgeworben, um autonome Autos zu entwickeln. Facebook investiert in die Entwicklung von selbstfahrenden Autos und intelligenten, von Datenclouds gestützten Robotern. Apple arbeitet ebenfalls an einem eigenen selbstfahrenden, automatisierten Auto. Amazons Robotik-Tochterfirma „Kiwa“ ist derzeit der Schrittmacher in der Automatisierungstechnologie des Silicon Valley. Als einer der ersten hat der Online-Händler Amazon-USA in seinen Lagerhallen bereits die neue Generation von sich selbst steuernden Robotern eingesetzt. Sie verrichten die Arbeitsabläufe in den Lagerhallen automatisch, fast ohne menschliche Arbeitskraft.

Die wenigen verbleibenden Lagerarbeiterinnen und -arbeiter werden dabei zu menschlichen Robotern degradiert. Computerbrillen zeigen Lagerangestellten, in welche Warenbox sie greifen müssen, und Detektoren am Handgelenk prüfen, ob es die richtige Box war. Eigenes Denken, ja selbst das eigene Wahrnehmen wird dabei ausgeschaltet. Dazu passt, dass sich Amazon-Europa weigert (Amazon-USA tut dies ohnehin), einen Tarifvertrag für seine Mitarbeiter nach dem Vorbild des Versandhandels abzuschließen. Viele Millionen Menschen versorgen sich täglich auf Amazons Monopol-Plattform mit Waren. Viele Händler agieren ausschließlich auf Amazon und lassen den

Versand komplett von Amazon abwickeln. Sie haben sich dadurch vollständig vom Amazon-Vertrieb abhängig gemacht und sind der Datenmacht des Unternehmens ausgeliefert. Dabei kopiert Amazon häufig erfolgreiche Produkte der von ihm abhängigen Händler und Hersteller, die der Konzern dann weiter vorn in der Liste anzeigt und günstiger anbietet. Kleine und mittlere Hersteller und Händler können hier kaum konkurrieren und scheiden aus dem Markt aus. Auf diesem Weg monopolisiert Amazon den Versandmarkt.[10]

In der Robotik, beschreibt Ken Goldberg, Professor für Robotik an der University of California in Berkeley, zeichnet sich derzeit ein „neues Paradigma" ab. „Es gibt nicht einfach mehr brutale Rechenkraft, sondern ganz neue, große Ideen" für schnelle, leichte, intelligente Roboter. Goldberg leitet eine neue Roboter-Forschungsallianz aus kalifornischen Universitäten. Über das Internet und die allgegenwärtigen Netzwerke sowie Datenverbindungen, so Professor Goldberg, könnten Roboter nun mit Informationen aus der Datenwolke gefüttert werden und voneinander lernen. Die neue Forschungsrichtung heißt entsprechend „Cloud-Robotik". „Über die Cloud können Maschinen auf riesige Mengen von Rechenkraft zugreifen, Daten teilen und ganz neue mathematische Berechnungen anstellen." Die neuen Roboter sind damit in der Lage, bedeutend schneller zu lernen. Man könne sagen, so Goldberg, dass „ein Roboter 10.000 Stunden etwas lernen kann, oder 10.000 Roboter können das Gleiche in einer Stunde lernen." Es sei inzwischen bewiesen, dass eine Gruppe lernender Maschinen bessere Entscheidungen trifft als eine einzelne. Aus dieser Zusammenarbeit ließen sich algorithmische Modelle entwickeln, die Roboter zu viel komplexeren Aufgaben ermächtigten. Von diesen neuen Robotern, der sogenannten Generation 4.0, sollen übrigens in den nächsten Jahren in den USA 1,2 Millionen installiert werden.[11]

Diese Roboter-Evolution bedeutet natürlich eine enorme Herausforderung für den Arbeitsmarkt. Im kommenden Jahrzehnt wird der Anteil der Automatisierung in der Fertigung um 25 Prozent steigen, prognostiziert die Beratungsgesellschaft „Boston Consulting Group". Die absehbare Entwicklung wird die Manager veranlassen, Arbeitnehmer immer schneller und umfassender durch Roboter zu ersetzen. Schon heute kostet ein Roboter etwa in der US-Elektronikindustrie durchschnittlich vier Dollar die Stunde, der Arbeiterlohn beträgt hingegen 24 Dollar pro Stunde. Durch den neuen Roboter-Boom, so die Boston Consulting Group, werde die Belegschaft in US-Fabriken in den kommenden Jahren noch einmal um fast 25 Prozent schrumpfen.[12]

Die Frage, die auf der Konferenz von 1995 in San Francisco bereits bestimmend war, bleibt also bestehen: Wo geht die Entwicklung der Automatisierung hin, wenn sich der technologische Fortschritt exponentiell beschleunigt? Hatten die Masters of the Universe 1995 vielleicht doch recht, wenn sie nach 2050 von einer 20-zu-80-Gesellschaft sprachen?

Mit diesem Thema beschäftigte sich im Jahr 2014 auch das „Oxford Martin Programme on Technology and Employment". Die Wissenschaftler dieses Instituts der Oxford University kamen zu dem Ergebnis, dass infolge der exponentiell zunehmenden Automation 47 Prozent der gegenwärtigen Arbeitsplätze in den USA in den nächsten zehn bis zwanzig Jahren „höchstwahrscheinlich verschwinden" werden. In Großbritannien dürften in diesem Zeitraum 35 Prozent der heutigen Jobs durch Roboter und Computer substituiert werden. Natürlich, so die Oxford-Prognose, sei das eine „Zukunftsprojektion". Doch der wissenschaftlich überprüften Hypothese, dass ein „gewaltiger Teil der heute geläufigen Arbeit" von Robotern und Computern übernommen wird, kann man wohl nicht widersprechen.[13]

Wahrscheinlich sind diese Oxford-Prognosen sogar zu konservativ. Eine Grafik der britischen Forschungsgruppe zeigt nämlich, wie lange es gedauert hat, bis eine neue Erfindung 50 Millionen Nutzer gefunden hat: Beim Telefon waren dies 75 Jahre, beim Radio 38 Jahre, beim Fernsehen 13 Jahre, beim Internet 4 Jahre, bei Facebook 3,5 Jahre. Mit anderen Worten: Die rasante Beschleunigung der Technologieerneuerung dürfte die Erwartungen und Prognosen eher übertreffen. Außerdem gehen die Oxforder davon aus, dass die Zahl der industriellen Roboter weltweit von gegenwärtig 15 Millionen bis 2025 auf über 25 Millionen ansteigen wird.[14]

Ein weiterer Aspekt der Oxford-Studie ist der Hinweis darauf, dass Arbeiter und Angestellte die großen Verlierer der digitalen Revolution sein werden, Hedgefond-Manager, Aktionäre, Informatiker und Programmierer hingegen die großen Gewinner. Die Frage, die sich an diese Diagnose anschloss, lautete: Wenn ganze Wirtschaftsbereiche mehr oder weniger vollautomatisiert sein werden, warum macht man nicht die Mitarbeiter der Großunternehmen und Banken zu Aktionären, anstatt immer weniger und immer schlechter bezahlte Arbeit auf immer mehr Köpfe zu verteilen? Antwort: Dem „neoliberalen Kapitalismus ist das Wohl der gesamten Gesellschaft egal."[15] Die Wissenschaftler der Oxford-Studie glauben jedoch nicht, dass eine Entwicklung lange andauern kann, bei der auf der einen Seite größte Teile der Erwerbsarbeit verloren gehen, auf der anderen Seite aber der Reichtum der wenigen Manager, Aktionäre, Programmierer und Informatiker der Hightech- und Internetindustrie immer größere Ausmaße erreicht. Vielmehr werde dies zu sozialen Konflikten und revolutionären Zuständen führen, wenn nicht rechtzeitig Veränderungen vorgenommen werden.

Vor dieser Entwicklung haben nicht nur die US-amerikanischen Wirtschaftswissenschaftler Jeremy Rifkin und Don Kennedy gewarnt, sondern auch der 2014 verstorbene deutsche Soziologe Ulrich Beck. Insbesondere in seinem Essay *Kapitalismus ohne Arbeit* hat Beck darauf hingewiesen, dass sich die Welt in einer sich exponentiell beschleunigenden Technologieerneuerung befinde, die in Zukunft so große soziale Veränderungen mit sich bringe wie noch nie zuvor in der Geschichte der Menschheit. Diese dritte industrielle Revolution bedeutet auch für ihn, dass große Teile der Menschheit in technologische Arbeitslosigkeit stürzen werden. Manager und Technowissenschaftler werden, so Beck, diese Revolution unbarmherzig und mit rasanter Geschwindigkeit vorantreiben. Dass die klassische Erwerbstätigkeit schließlich nicht mehr unsere wichtigste Quelle sozialer Identität sein kann, sieht er als gewiss an. Aber die sich daraus für die Gesellschaft und den Einzelnen ergebenden Konsequenzen müssen die Politik zwingen, per Gesetzgebung neue Formen der Arbeitszeitverkürzung und Arbeitszeitverteilung, also der Beschäftigung schlechthin und ihrer Entlohnung zu finden.

Vor allem plädiert Beck für eine vernunftbegabte Entschleunigung der Technologieerneuerung. Er fordert eine „Kultur der Verlangsamung". Eine solche Verlangsamung will er auch durch die „Haftbarmachung der Verursacher" der Technologieerneuerung besonders in den Informations- und Zukunftsindustrien erwirken. Er weist dabei auf den fehlenden Versicherungsschutz bei den Zukunftsindustrien hin. Der fehlende Versicherungsschutz ist für Ulrich Beck geradezu eine „Warnblinkanlage für Unkontrollierbarkeit", insbesondere bei der Gentechnologie und der Künstlichen Intelligenz. Seine Schlussfolgerung: Wenn wir die Zukunftsindustrien beispielsweise mit dem „Kraftfahrtversicherungsschutz gleichsetzten", würde die unkontrollierte Technologieerneuerung zwangsläufig gebremst werden. Dieser vom Gesetzgeber eingebrachte Versicherungsschutz für die Bürger und die Haftung der Verursacher für die Folgen der revolutionären Technologieerneuerungen ergäben dann eine überprüfbare, gläserne Produktion, bei der Selbstkontrolle, Entschleunigung und Selbstbegrenzung verwirklicht werden könnten.[16]

Zwischen 1995 und 2018 kam es auch bei maßgebenden internationalen Zeitungen und Zeitschriften wie der *New York Times*, der *Washington Post*, dem *Time Magazine*, der *London Times*, dem *Manchester Guardian*, dem *Spiegel*, der *Frankfurter Allgemeinen Zeitung*, bei *Le Monde* etc. wie auch in den großen Wissenszentren der Welt, also in den Universitäten, Archiven, Museen und Bibliotheken zu einer rasanten digitalen Umwälzung durch den Einsatz modernster Computer. Das Wissen der Welt, das bislang vor allem durch Milliarden Dokumente,

Zeitungsartikel, Akten, Essays, Rezitationen, Dissertationen, Übersetzungen, Biografien, Forschungsergebnisse, Patente, Wörterbücher, Lexika, Enzyklopädien usw. in Universitätsbibliotheken, Staatsarchiven, Patentämtern, bei der „New York Times Information Bank" oder beim ehemals größten Zeitungsarchiv der Welt, dem *Spiegel*-Archiv, festgehalten und für kommende Generationen zur individuellen Inanspruchnahme aufbewahrt worden war, wurde nun digitalisiert, in Computer hochgeladen und schließlich mehr oder weniger von privatwirtschaftlichen, profitorientierten Internetkonzernen des kalifornischen Silicon Valley übernommen und vermarktet. Tausende Journalisten, Bibliothekare, Archivare, Übersetzer verloren ihre Jobs.

Die ehemals in den oben genannten Institutionen gespeicherten Daten, Dokumente, Informationen, Nachrichten, kurz das Wissen der Welt können nun manipulativ – einschließlich unseren eigenen persönlichen Daten – von den Internetkonzernen online verwertet werden. Dabei gaukeln uns die Internetkonzerne des Silicon Valley vor, dass wir die Daten und Informationen – einschließlich unsere eigenen – „umsonst" herunterladen könnten, dass wir schließlich anhand ihrer Supercomputer auf eine „Umsonst-Ökonomie" zusteuerten. Und wir merken dabei nicht, so warnt der US-amerikanische Computerwissenschaftler und Internetdenker Jaron Lanier, der im Oktober 2014, insbesondere für sein Werk *Wem gehört die Zukunft?*, den Friedenspreis des Deutschen Buchhandels erhielt, dass wir, die Nutzer selbst, zur Ware werden, mit der die Internetkonzerne handeln und ihre Macht und ihren Einfluss über uns ausdehnen.

Denn diejenigen Internetfirmen, die mit durch Algorithmen gesteuerten Hochleistungscomputern die meisten Informationen, die meisten Daten, das meiste Wissen sammeln, drängen andere Internetfirmen vom Markt und monopolisieren so ihre Machtausübung und damit die Meinungen und das Leben der Massen. Diese Informations- oder Wissensökonomie, die sich im Silicon Valley bündelt (Google, Apple, Facebook, Microsoft, Twitter, Amazon, Yahoo, IBM, Hewlett Packard), in den 1970er- und 80er-Jahren zumeist aus Start-ups und

Garagenfirmen entstanden, kreiert heute eine virtuelle Welt nach ihrem Gusto, manipuliert Daten, Informationen und Wissen, wie es ihr gefällt, und hat bereits begonnen, die Printmedien auszulöschen.

Lanier warnt in seinem Buch *Wem gehört die Zukunft?* (2013) und in einem *Spiegel*-Interview (2014) davor, dass die sogenannte Umsonstkultur der Internetkonzerne nicht nur gedruckte Medien ablösen, sondern auch ganze Wirtschaftsbranchen vernichten und besonders „die Mittelklasse schädigen“ wird. Die von den Internetkonzernen propagierte Gratiskultur ist für Lanier eine Täuschung. Irgendjemand, so behauptet er, müsse dafür bezahlen. Kultur müsse ihren Wert und ihren Preis haben. Nutzer müssten eine Wahl haben, die mehr umfasse als das, was Internetkonzerne für sie zusammenstellen. Eines seiner Lieblingsbeispiele dafür ist das Übersetzungsprogramm von Google. Es ist kostenlos. Google, so führt Lanier aus, sammelt im Netz Übersetzungen, aus denen sein Programm mittels Cloud-Computing und Big Data die jeweils besten Übersetzungen herausfiltert und passend neu kombiniert. Die ursprünglichen Übersetzungen aber, die der Supercomputer benutzt, stammen von Menschen, die nichts davon wissen, die dem nicht zugestimmt haben und die vor allem nicht dafür bezahlt werden. Es wird so getan, als ob der Mensch gar nicht existierte. Lanier schlägt vor, neue Regeln einzuführen, die die Digitalkonzerne zwingen, die Nutzer für ihre Daten zu bezahlen. Wenn eine Übersetzung oder ein Essay von mir von Google benutzt wird, schreibt er, so verlange ich eine Bezahlung von Google.[17]

Das gelte ebenfalls für alle anderen Menschen, Firmen, Verlage, Universitäten, Bibliotheken, Archive, Zeitungen und Zeitschriften, deren Daten und Informationen, also Wissen, Google oder Facebook nutzen, ohne sie dafür zu bezahlen. Im Netz sei nichts kostenlos, so Lanier, der Konsument bezahle mit der Preisgabe seiner Daten, seiner Wege, seiner Interessen, seiner Aussagen über Gehalt und Lebensversicherung, seines Lebensgefühls. Doch weil der vordergründige „Kostenlos-Service“ so großartig scheint, weil der Glanz der immer neuen Handys und Tablets so gewaltig ist, reagieren die Konsumenten mit Gleichgültigkeit, beinahe wissenlos. Die ungeheure Masse verfügbarer Daten macht den modernen Menschen lesbar, aber auch manipulierbar, bis in sein Innerstes. Gestützt auf Algorithmen, hält die totale Überwachung im Arbeits- und Privatleben Einzug. Auch die Geheimdienste – insbesondere die NSA – greifen für ihre Spionage und Bespitzelung auf die totale Überwachung zurück. Google, Facebook und Amazon haben es so weit gebracht, dass die Nutzer tatsächlich glauben, sie könnten etwas umsonst bekommen, ohne zu merken, dass sie selbst in eine Ware verwandelt werden, mit der diese Internetkonzerne handeln. So entsteht eine gefährliche Abhängigkeit. Der Mittelklasse, so Lanier, wird erst langsam klar, wie das Geschäft mit ihren Daten als Rohstoff funktioniert. Im Grunde weiß man, dass etwas nicht stimmen kann, wenn es plötzlich eine Suchmaschine gibt, die man schnell benutzen kann, ohne dafür zu bezahlen. Das Problem: Nur wenn man bezahlt, behält man die Kontrolle über das, wofür man bezahlt. Ist etwas kostenlos, bedeutet dies unweigerlich, dass jemand anderes darüber entscheidet, wie man leben, denken, wählen und handeln soll.[18]

Jaron Lanier sieht voraus: Wenn niemand mehr anständig bezahlt, wird auch niemand mehr anständig verdienen – außer der Internet- und Hightech-Elite und ihren erfolgreichen Gründern und Aktionären. Als Kritiker des Internet-Kapitalismus, der für ihn auch für die Finanzmarktkrise von 2008 bis 2010 mitverantwortlich ist, erkennt Lanier ein Paradoxon, wenn er die Entstehung dieser Form der kapitalistischen Wirtschaftsweise mit den Ursprüngen vergleicht. So sieht er die Wurzeln des Internet-Kapitalismus in der Tradition der antikapitalistischen Hippie-Bewegung in Kalifornien in den 1970er- und 80er-Jahren. Damals glaubten die ersten Informatiker und Programmierer – unter ihnen Steve Jobs – in ihren Garagen und Start-ups an ein freies, nicht von Konzernen beherrschtes World Wide Web. Daraus haben sich in den letzten zehn bis zwanzig Jahren mächtige, manipulative, hochprofitable Internetkonzerne im Silicon Valley entwickelt. Aus der Hippie-Idee, die am Anfang des Internets stand, wurde ein Werkzeug des digitalen Spekulationskapitalismus und des Überwachungsstaats. Im herkömmlichen Kapitalismus, so Lanier, konkurrieren verschiedene Marktteilnehmer, jeder mit seinen eigenen Informationen. Im Internet-Kapitalismus erledigt das der algorithmengesteuerte Computer, und derjenige mit den teuersten Hochfrequenzcomputern – er nennt diese Supercomputer „Sirenen-Server" – ist den anderen überlegen und wird letztendlich zur „weltbeherrschenden Macht".[19]

Ebenso kritisiert Lanier die viel gelobte „Schwarmintelligenz". Diese sei nur zur Vorhersage von Statistiken und Zahlenwerten wie Marktpreisen oder Wahlergebnissen geeignet, nicht aber zur Darstellung menschlichen Denkens und menschlicher Kreativität. Letztere beruhen seiner Meinung nach unter anderem auf Kompetenz, Verantwortungsbewusstsein, Leben mit anderen Menschen, Bewusstseinsschaffung und -erweiterung und den täglichen Erfahrungen des Einzelnen. Die Schwarmintelligenz, also das, was wir in den Suchmaschinen von Google und Facebook herunterladen, verbreite keine Wahrheiten, sondern nur die bereits vorher manipulierte Durchschnittsmeinung einer anonymen Masse. Das Internet fördere den Glauben daran, dass ein Kollektiv Intelligenz, Ideen und Kreativität hervorbringen könne, die denen des Individuums überlegen seien. Diesen Irrglauben nennt Lanier in seinem 2010 auch in deutscher Sprache erschienen Werk *Gadget. Warum die Zukunft uns noch braucht* „digitalen Maoismus". Er führe dazu, dass das Kollektiv als wichtig und real angesehen werde, nicht aber der einzelne Mensch.[20]

Dass er sich zum Kritiker an der Rolle der Massen im Internet entwickelt habe, sieht Lanier in seinen familiären Erfahrungen begründet. Familienangehörige seiner Mutter wurden in der Zeit des Nationalsozialismus in einem Konzentrationslager in Österreich ermordet, sie selbst überlebte in Gefangenschaft. Die Familie seines Vaters wurde Opfer von Pogromen in der Sowjetunion. Beide verbrecherischen Regime führt er auf die Massen – im Sinne von Pöbelherrschaft – zurück und befürchtet entsprechend eine „digitale Barbarei" durch die Aktivität von Massen in der Onlinewelt. Das US-Nachrichtenmagazin *Time* war sich im Jahr 2013 sicher, dass Jaron Lanier, der auch ein hervorragender Musiker ist, zu den 100 einflussreichsten Zeitgenossen zählt.

Im Jahr 2011 sprach einer der großen Finanziers der Internetkonzerne des Silicon Valley und selbst ehemaliger Start-up-Pionier, Marc Andreessen, einen Satz aus, der inzwischen zum Motto des digitalen Kapitalismus geworden ist. Er lautet: „Software frisst die Welt auf", indem sie die etablierten Industrien durch neue KI-Modelle wie Roboter der Generation 4.0 und Supercomputer substituiert, die schneller, klüger und billiger sind als der alte Maschinenpark und die menschliche Arbeitskraft. Facebook-Gründer Mark Zuckerberg wiederum hat sich zum Ziel gesetzt, „die ganze Menschheit zu vernetzen". Der Wahlspruch bei Facebook lautet: „Move fast and break things". Es ist eine Rhetorik der beschleunigten Zerstörung.

Der Rohstoff der Internetökonomie und der Geheimdienste sind, wie wir gesehen haben, die Daten von Privatpersonen, Politikern, Konzernen, Banken, Zeitungen, Parteien, Regierungen, Forschungsinstituten etc. Sie werden bei jedem Kontakt mit einem Computer, Handy oder einem Smartphone erfasst, inzwischen auch durch Sensoren in Brillen und Uhren oder in selbstfahrenden Autos. Danach werden sie in gigantischen Rechenzentren (Big Data) von komplizierten Algorithmen verarbeitet, die wiederum von hoch bezahlten Mathematikern, Programmierern und Computerwissenschaftlern – „den besten Köpfen in der Welt" – erstellt werden. Diese Algorithmen – mathematische Formeln, die auf der Spieltheorie basieren – bestimmen beispielsweise, wer mit welcher Werbung versorgt und wem welches Produkt angeboten wird, wer einen Kredit oder eine Lebensversicherung zu welchen Konditionen bekommt oder welche Nachrichten oder Zeitungen als lesenswert oder nicht lesenswert erachtet werden. Google und Facebook wissen schon heute über jeden digitalen Nutzer mehr, als sich George Orwell in seinen kühnsten Visionen hätte vorstellen können. Sie manipulieren die Nutzer, ohne dass diese es wissen.

Der ehemalige Herausgeber der *Frankfurter Allgemeinen Zeitung*, der 2014 verstorbene Frank Schirrmacher, schrieb dazu in seinem Buch *Ego – Das Spiel des Lebens*, dass heute fast jeder wisse, wie man ein Smartphone bedient, die politische Frage dahinter laute aber, wie man verhindert, selbst vom Smartphone bedient zu werden. Schirrmacher war die meiste Zeit seines Lebens ein Technologiefreund gewesen. Zuletzt aber, in den Monaten vor seinem Tod, war er in großer Sorge, was die beschleunigte Technologieerneuerung aus den Menschen und der Demokratie machen wird. Und so warnte er – wie schon Jaron Lanier – vor einem kommenden Internet-Totalitarismus, warnte vor der digitalen Revolution, die unser Arbeits- und Wirtschaftsleben und unseren Alltag erobert, vor den Algorithmen, die unser Leben bestimmen, vor den neuen Robotern, die die Kontrolle über unser Leben übernehmen. Haben Schirrmacher und Lanier recht? Google, Amazon, Facebook sammeln alle Daten ihrer User, durchsuchen, analysieren, ordnen sie zu durch Algorithmen, handeln mit ihnen und akkumulieren dadurch einen ungeheuren Reichtum an Informationen. Big Data heißt das Geschäftsmodell, mit dem weltweit allein im Jahr 2013 über 70 Milliarden Euro umgesetzt wurden. Fast 70.000 Suchanfragen bearbeiteten allein die Google-Server pro Sekunde.[21]

Gegen diesen Machtmissbrauch der Internetkonzerne und die beinahe totale Überwachung der Bürger durch die Geheimdienste hat der Gesetzgeber bislang keine rechtlichen Schranken errichtet. Selbst der ehemalige Google-Chairman Eric Schmidt sagt über die Gesetzlosigkeit der Internetkonzerne und der Geheimdienste, es handle sich um „das größte Anarchie-Experiment aller Zeiten […]. Die Online-Welt, in der Hunderte Millionen Menschen digitale Inhalte produzieren und konsumieren, wird nicht durch Gesetze beschränkt".[22] So regiert das Recht des Stärkeren, und die Internetkonzerne und Geheimdienste sind dabei, sich eine unangreifbare Machtbasis zu schaffen.

Während die Nutzer Googles und Facebooks World Wide Web benutzen, hinterlassen sie eine ungeheure Menge an Informationen. Niemand kennt dabei genau den Prozess, nach dem diese Suche erfolgt – nicht einmal die Mathematiker und Programmierer selbst, die für Google und Facebook tätig sind. Das gilt auch für die anderen Internetkonzerne. Denn die Algorithmen haben von ihren Mathematikern und Programmierern eine „selbstlernende Funktion" einprogrammiert bekommen. Das bedeutet, sie entwickeln sich weiter, ohne dass noch irgendjemand Einfluss darauf nimmt oder die Kontrolle über diesen Prozess hat. Dabei haben Googles und Facebooks Algorithmen nicht nur die Aufgabe, das World Wide Web nach Informationen abzusuchen. Vielmehr erstellen sie auch eine Art Verhaltensmuster über ihre Kunden. „Pattern of Life Analysis" ist der Terminus dafür, dass Computer anhand der algorithmischen Suchformeln die Lebensgewohnheiten der einzelnen Nutzer erfassen. Freilich bereiten die User ihnen hier leichtes Spiel: Wie bisherige Untersuchungen zeigen, tippen die Nutzer mit einer bisweilen erstaunlichen Akribie in die sozialen Netzwerke ein, was sie einkaufen, welchen Weg sie zur Arbeit gehen, mit was und mit wem sie ihr Leben verbringen und vieles mehr.

Es sieht also tatsächlich so aus, als ob die digitale Revolution unser Leben und Arbeiten, unsere Freizeit, Wirtschaft und Gesellschaft bestimmen, manipulieren und kontrollieren wird. Die Frage dabei bleibt, ob die Digitalisierung mit all ihren Facetten über uns unbarmherzig hereinbricht oder ob sich diese Entwicklung schließlich doch noch – im Sinne von Ulrich Beck – steuern und humanisieren lässt. Werden die Menschen – zumindest ein großer Teil von ihnen – am Ende frei und selbstbestimmt oder am Gängelband kalifornischer Internetkonzerne leben oder gar zu Haustieren einer überlegenen Künstlichen Intelligenz mutieren? Immerhin haben die oben genannten IT-Konzerne des Silicon Valley und ihre Techno-Wissenschaftler noch ganz andere Dinge mit uns vor. Sie wollen letztendlich aus dem biologischen Menschen einen nicht biologischen, künstlichen Menschen erschaffen.

Zukunfts(alb)träume? Vielleicht. Bleiben wir also bei der Gegenwart. Die Welt verwandelt sich im Moment durch eine neue Technologie, durch mit Algorithmen gesteuerte Hochfrequenzcomputer in einen irrealen Spekulationskapitalismus, der keine Güter produziert, keine Wertschöpfung realisiert, sondern durch virtuelle, betrügerische „Finanzmarktprodukte" (Subprime Credits, Investmentzertifikate, Credit Default Swaps, Index-Fonds etc.) die Finanzmarktkrise zwischen 2008 und 2010, den Kollaps des internationalen Bankensystems, mitverursacht hat. Auch Jaron Lanier hat darauf hingewiesen, dass die neue Hochfrequenzcomputer-Technologie den massenhaften Betrug mit den gebündelten ungedeckten Finanzmarktprodukten überhaupt erst ermöglichte. Denn die immer schnellere, immer rasantere Umlaufzeit dieser Zertifikate, deren „Werte" künstlich von Algorithmen eingegeben worden waren, trieben wegen des Versprechens enormer Profite immer mehr Käufer auf diesen künstlichen Markt, die kauften und verkauften, bis der ganze ungedeckte Schwindel wie ein Kartenhaus zusammenbrach und Millionen von Menschen in die Schuldenfalle trieb, während die betrügerischen Investmentbanken durch billionenschwere Rettungspakete aus Steuermitteln gerettet wurden. Algorithmen hatten die nicht handelbaren ungedeckten Papiere mit den handelbaren vermischt. Auch stürzen die mit Algorithmen gesteuerten Hochleistungscomputer manchmal ab, haben die Mathematiker und Programmierer ihnen doch eine selbstlernende Funktion einprogrammiert. Und das bedeutet, sie entwickeln sich weiter, ohne dass jemand es kontrollieren kann, nicht einmal die Mathematiker.

Im Jahr 2008 zum Beispiel hatte bei dem milliardenschweren US-Hedgefond LTC (Long Term Capital Management) irgendetwas nicht hingehauen. Seine Computer stürzten ab und lösten an der Wall Street eine Krise aus. Bei LTC ging es darum, mit den Hochleistungscomputern so viele Daten wie möglich zu sammeln, sie algorithmisch zu analysieren und dann zu Statistiken zu verarbeiten, die helfen sollten, Zukunftsprognosen über die Kursentwicklungen bei Finanzmarktprodukten zu ermitteln, um bei solchen Geschäften das eigene Risiko zu minimieren und es anderen Hedgefonds zuzuschieben. Es war eine Art Pokerspiel mit Computern. Aber warum waren die teuren Hochleistungscomputer abgestürzt? Hatten sich die einprogrammierten selbstlernenden algorithmisch-mathematischen Funktionen selbstständig gemacht, waren sie nicht mehr kontrollierbar gewesen, hatte keiner mehr Einfluss auf sie gehabt? Bis heute (2018) sind es für die Öffentlichkeit noch immer unerklärliche Vorgänge, die zum Absturz der Computer führten. Nur die IT-Mathematiker wissen genau, dass der Absturz der Hochleistungscomputer auf Algorithmen zurückgeht, die von ihnen spieltheoretisch programmiert wurden und dann selbstständig agierten.

Am 6. Mai 2010 zeichnete sich an der Wall Street ein Desaster ab, entstanden durch jene neuartige Finanztechnologie, die als „Hochfrequenzhandel" oder „Flash Trading" bezeichnet wird. An diesem Tag begann der wichtigste Aktienindex der USA, der Dow Jones Industrial Average (DJIA), plötzlich zu fallen. Es gab keinen plausiblen Anlass für diesen Absturz, weder alarmierende Nachrichten noch neue Wirtschaftsdaten. Dennoch fiel der Dow Jones in wenigen Minuten um über 6 Prozent. Danach summierten sich in einer Viertelstunde die Kursverluste auf rund 1 Billion Dollar.[23]

Das Bizarre an diesem 6. Mai 2010 war, was nach dem Absturz geschah: Die Kurse erholten sich genauso schnell, wie sie abgestürzt waren. Nach 20 Minuten war der Dow Jones auf sein Ausgangsniveau zurückgekehrt. Das Ereignis wurde berühmt als der „Flash Crash". Als Grund für diesen Blitzcrash ermittelte die US-Börsenaufsicht SEC (Securities and Exchange Commission) in ihrem offiziellen Bericht eine einzige schlecht getimte Aktientransaktion von „ungewöhnlich großem Volumen". Doch die Algorithmenmacher der Investmentbanken und Hedgefonds gaben die Schuld insgeheim ebenjener neuartigen Finanztechnologie, die als Hochfrequenzhandel bezeichnet wird. Die wirkliche Ursache hatte wieder mit dem Phänomen zu tun, dass sich die selbstlernenden algorithmischen Funktionen der Hochleistungscomputer selbstständig gemacht hatten.

Mit diesem Flash Crash von 2010 geriet der Computer-Hochfrequenzhandel erstmals aus dem Geheimen in die Öffentlichkeit. Diese neue Art des Aktien-, Devisen-, Derivate- und des Agrarrohstoffhandels war schon 2010 dermaßen angewachsen, dass der Handel größtenteils nicht mehr von Menschen abgewickelt wurde, die mit anderen Menschen Käufe und Verkäufe vereinbarten, sondern von durch Algorithmen gesteuerten Hochfrequenzcomputern. Schon 2010 erfolgten 65 Prozent der Transaktionen an den Wertpapierbörsen der USA auf diese Weise. An der New Yorker Stock Exchange wurden 2013 30.000 solcher Deals verbucht – pro Sekunde! Über 70 Prozent des US-amerikanischen Börsengeschehens liefen 2013 bereits über den Hochfrequenzhandel. Der Wissenschaftshistoriker Philip Mirowski spricht von einer „Cyborg-Ökonomie", einer Wirtschaft, die sich wie ein Thermostat selbst reguliert und die die Trader nicht mehr verstehen. Dabei vollziehen die Hochfrequenzcomputer die Transaktionen innerhalb von Tausendstelsekunden, wobei sie winzige Preisdiskrepanzen ausnutzen, um einen garantierten Profit zu erzielen. Der Flash Crash machte auf dramatische Weise klar, dass sich das Geschehen an den Börsen, das einst auf Transparenz beruhte, nun größtenteils im Geheimen abspielt.[24]

Unsere bisherige Vorstellung von Wertpapierbörsen bestand darin, dass Makler, Trader, Analysten und Privatinvestoren untereinander kaufen und verkaufen, und zwar an einem konkreten Ort, im Idealfall zu ersichtlichen Preisen. Im neuen Markt sind die Hauptakteure aber keine Menschen, sondern die Algorithmen, die ein Computerprogramm ausmachen. Der eigentliche Handel spielt sich innerhalb der Hochleistungscomputer ab, der alte Börsenmarkt dient hingegen nur noch als Kulisse für Meldungen über das Börsengeschehen.

Was die Preise betrifft, so gibt es das zusätzliche Problem der sogenannten „dark pools". Diese sind eine Art privater Wertpapierbörsen, von denen die meisten milliardenschweren Hedgefonds und Investmentbanken gehören. Ihre einzige Funktion besteht darin, Wertpapiertransaktionen jenseits der Öffentlichkeit durchzuführen. Niemand kennt die Käufer, niemand kennt die Verkäufer. Hinzu kommt der Faktor Geschwindigkeit. Nicht nur die Wall Street, auch die Devisen- und Agrarrohstoffbörsen räumen inzwischen den reichsten Hedgefonds und Investmentbanken die Möglichkeit ein, ihre eigenen Hochleistungscomputer neben den börseneigenen Rechnern – die für die nicht so reichen Investoren bestimmt sind – aufzustellen. Diese „co-location“ verschafft den reichsten Top-Investoren einen winzigen zeitlichen Vorsprung, mit dem es den Hochfrequenzcomputern gelingt, in Mikro- und Nanosekunden Käufe und Verkäufe zu tätigen (eine Mikrosekunde ist der millionste, eine Nanosekunde der milliardste Teil einer Sekunde). Mit anderen Worten: Die Computergeschwindigkeit entscheidet über die Gewinnchancen. Eine Nanosekunde – also der Faktor Geschwindigkeit – ist so bedeutend, weil diese neue Finanztechnologie ganz gezielt winzigste, nur für Bruchteile einer Sekunde existierende Preisdifferenzen ausnutzt – und nicht nur ausnutzt, sondern auch erzeugen kann.[25]

Möglich ist dies, indem die Hochfrequenzhändler dank der „co-location“ ihrer Supercomputer die Kauforders der nur mit börseneigenen Rechnern ausgestatteten nicht so reichen Händler „ausschnüffeln“ können. Das heißt: Innerhalb von Mikrosekunden kaufen ihre Computeralgorithmen die Aktien, Derivate, Devisen, Index-Fonds, bevor die Orders der nur mit börseneigenen Rechnern ausgestatteten Mithändler ausgeführt werden, und verkaufen sie an den ursprünglichen Käufer, womit sie einen winzigen, aber garantierten Gewinn erzielen. Das erklärt dann, warum die Mithändler ohne Hochfrequenzcomputer die Aktien, Derivate oder Index-Fonds nicht zu dem Preis kaufen konnten, der auf ihren Bildschirmen angezeigt worden war. Hochfrequenzhändler waren ihnen in Mikrosekunden zuvorgekommen. Aus diesem Grund wird deren Technik auch „front running“ genannt. Heutzutage ist dies die wesentliche Methode, mit der im Hochfrequenzhandel enorme Profite erzielt werden. Es zeigt auch, wie das Kapital – hier die milliardenschweren Investmentbanken und Hedgefonds – mit der Computerhochfrequenztechnik immer skrupelloser agiert und die Reichsten immer reicher werden.[26]

Ein anderes Beispiel für die Vormacht des Computerhochfrequenzhandels lässt sich auf dem Agrarrohstoffmarkt beobachten. Nach der Finanzmarktkrise erhielten viele US-amerikanische und europäische Groß- und Investmentbanken und Versicherungskonzerne vom Staat steuerliche Rettungspakete in Billionenhöhe. Mit diesen Steuermitteln ausgerüstet, suchten sie nun einen neuen Markt, eine neue Renditenquelle und kamen auf die Spekulation mit Nahrungsmitteln. Wieder benutzten sie dazu die mit Algorithmen gesteuerte Computerhochfrequenztechnologie.

An den großen Agrarrohstoffbörsen der Welt wie dem „Chicago Board of Trade", entscheiden heutzutage die Hochfrequenzcomputer von Investmentbanken, Versicherungskonzernen und Hedgefonds über die Lebensmittelpreise auf unserem Planeten. Hier tummelten sich auch die Hochleistungscomputer der Deutschen Bank und des Allianz-Versicherungskonzerns. Letztere investierten insbesondere in das Spekulationsgeschäft mit Weizen, Mais und Sojabohnen. Allein im Rechnungsjahr 2010 pumpte die Deutsche Bank 4,6 Milliarden Euro in diese spekulativen Nahrungsmittelgeschäfte. Der Allianz-Versicherungskonzern investierte in der gleichen Zeit 6,2 Milliarden Euro in diese neue lukrative Renditequelle. Die entwicklungspolitische Nichtregierungsorganisation „Oxfam" legte am 9. Mai 2012 in ihrer Studie *Mit Essen spielt man nicht* dar, dass die beiden deutschen Finanzkonzerne sowie US-Investmentbanken und Hedgefonds maßgeblich an den Agrarbörsen der Welt mit Nahrungsmitteln zockten, die Lebensmittelpreise hochtrieben und die Hungerkrise in Entwicklungsländern enorm verschärften. Nach Berechnungen der FAO (UN-Organisation für Ernährung und Landwirtschaft) sind allein im Jahr 2010 über 50 Millionen Menschen mehr infolge der hohen Spekulationspreise an den Agrarbörsen in die Hunger- und Sterbestatistiken geraten.[27]

Wie konnte es dazu kommen? Wieso konnten Banken, Versicherungskonzerne und Hedgefonds die Preise für Mais, Weizen, Roggen, Korn, Hirse, Reis, Sojabohnen, Speiseöl etc. in Tunesien, Kenia, Somalia, Äthiopien, Mexiko, Bolivien, Kambodscha oder Laos in die Höhe treiben? Wieso können sie mit dem Essen der Welt zocken? Warum wird die Frage, wie viele Menschen in der Welt verhungern müssen, an den Warenterminbörsen in Chicago, London oder Singapur entschieden? Ganz einfach: Die Finanzindustrie hat mit der neuen Computerhochfrequenztechnologie an diesen Börsen eine neue ergiebige Renditequelle gefunden, hat das Essen der Menschheit zum Spekulationsobjekt gemacht. Man nennt das in Fachkreisen „Algorithmen-Trading". So stiegen die Weizenpreise in den Jahren 2009 bis 2011 von 200 auf 300 US-Dollar pro Tonne, die Maispreise im gleichen Zeitraum von 150 auf 300 US-Dollar pro Tonne, die Preise für Speiseöl im gleichen Zeitraum von 750 auf 1.400 US-Dollar pro Tonne usw. Alles in allem stiegen die Getreidepreise von 2009 bis 2011 um insgesamt 71 Prozent. Aufgrund der steigenden Lebensmittelpreise geraten auch in den entwickelten Ländern immer mehr Menschen in die Armut. Unsere Nahrung ist zum Spielball einer neuen Computertechnologie geworden.[28]

Dass unser tägliches Brot zum Spekulationsobjekt von Banken und Versicherungskonzernen geworden ist, hat also mit der Umwandlung der Agrarrohstoffmärkte in Finanzmärkte zu tun. Dazu nutzten die Finanzjongleure einen Trick wie bei den Immobilienspekulationen der Finanzmarktkrise. Dort hatte man durch die Vermischung nicht handelbarer ungedeckter Hypothekenpfandbriefe mit seriösen Wertpapieren sogenannte handelbare „Subprime Credits" gezaubert, die als irreale Finanzmarktprodukte millionenfach verhökert wurden und den Finanzmarktcrash bewirkten. Diesen Trick wiederholten Banken, Hedgefonds und Versicherungskonzerne jetzt auf den Agrarrohstoffmärkten. Wieder kreierten sie Finanzmarktprodukte, indem sie nicht handelbare ungedeckte mit handelbaren Rohstoffpapieren vermischten und diese „Index-Fonds" nannten. Wieder hatte man – wie bei den Subprime Credits des Finanzmarktcrashs – für den Wert und die Entwicklung der Index-Fonds Hochfrequenzcomputer mit so vielen Daten wie möglich gefüttert, diese algorithmisch durchsucht, analysiert, geordnet und dann zu Statistiken verarbeitet, die vor allem die Kursentwicklung der Index-Fonds ermitteln sollten.

Heute, 2018, werden diese Index-Fonds an den Agrarbörsen durch die Computerhochfrequenztechnologie in Mikrosekundenbruchteilen an den nächsten Käufer verscherbelt, ohne dass eine Wertschöpfung stattfindet. Die Käufe/Verkäufe der Index-Fonds beinhalten algorithmisch analysierte vorprogrammierte globale Rohstoffdaten, eingegeben von Mathematikern und Programmierern. Nur die mit viel Kapital ausgestatteten Finanzinstitute sind in der Lage, das teure Hochfrequenzequipment der Supercomputer für die Index-Fonds-Märkte zu finanzieren und Mathematiker und Programmierer zu bezahlen, die imstande sind, die weltweit verstreuten Informationen algorithmisch zusammenzuführen und so den Informationsvorsprung zu nutzen, um Kursdifferenzen an verschiedenen Börsen auszuschlachten.[29]

Bei diesem Algorithmen-Trading beträgt die sogenannte Durchlaufzeit, das heißt die Zeit vom Abgeben der Order auf Handelsteilnehmerseite bis zur Verarbeitung dieser Order im System, circa 250 Mikrosekunden. Diese Zeitspanne ist kürzer als ein Wimpernschlag, also für Menschen unmöglich durchzuführen. Hier übernimmt eine Künstliche Intelligenz – der durch Algorithmen gesteuerte Supercomputer – die Entscheidungen und den Handel. Dabei wird der Kurs eines Index-Papiers, das man abstoßen will, zumeist durch viele Kauforders „hochgekitzelt“. Im Anschluss lässt sich der Index-Fonds zu einem künstlich aufgeblähten Preis an den Meistbietenden verkaufen. In der Regel ist es so, dass die vermischten Index-Papiere von den meisten Spekulanten bzw. Käufern nie in reale Ware eingelöst werden. Sie verkaufen die größtenteils 70 Tage laufenden Papiere während der Laufzeit und vor der Einlösungsfrist weiter und investieren das so erworbene frische Geld wieder in neue

Index-Fonds. Daraus hat sich ein System entwickelt, in dem die Spekulanten überhaupt keine Berührung mit den echten Marktpreisen oder den realen Gütern (Lebensmittel) haben.[30]

Das Silicon Valley, die kalifornische Ideenschmiede, hat für diese Computerhochfrequenztechnologie die Grundlagen geschaffen. Was im Silicon Valley – zwischen San Francisco und Berkeley im Norden, Palo Alto und Stanford in der Mitte und Santa Cruz und Monterey im Süden – geschieht, sind die Vorboten der dritten industriellen, der digitalen Revolution. Die erste war gekennzeichnet durch die Erfindung der Dampfmaschine, die Nutzung des elektrischen Stroms und die Beschleunigung des Transports für Wirtschaft und Gesellschaft durch die Eisenbahn, die zweite durch den industriellen Einsatz der Fließbänder und die Minimierung der Erdteilentfernungen durch Flugzeuge. Immer war aber die Arbeitskraft der Menschen in der Wirtschaft vonnöten, auch wenn Maschinen (Hardware) die menschliche Arbeit mehr und mehr ersetzten und die industrielle Massenproduktion erst ermöglichten. Heute beginnt die Software die Hardware zu verdrängen bzw. mit Künstlicher Intelligenz zu versehen und die Menschen nach und nach aus dem Arbeitsprozess hinauszudrängen.

Viele der besten Mathematiker, Programmierer, Computer- und Robotikwissenschaftler arbeiten heute in den Rechenzentren der großen Internetkonzerne des Silicon Valley und feilen an neuen von Algorithmen gesteuerten Computerprogrammen, an einer neuen, intelligenten Generation von Robotern (Generation 4.0), die sich selbst steuern, sich gegenseitig optimieren und in „smart factories" mittels der Vernetzung über das Internet intelligente Produkte herstellen werden. Erst die geradezu explosionsartige Vergrößerung der Rechnerkapazitäten und das mobile Internet haben die Grundlage für die digitale Revolution geschaffen. Diese hält nun nicht nur in den meisten Wirtschaftsbereichen, sondern auch beim Militär, bei den Geheimdiensten, im Gesundheitswesen, bei unseren Sprachen und Sprachübersetzungen und bei weltraumgestützten Überwachungssystemen Einzug.

Hochleistungscomputer übernehmen bei den Geheimdiensten per Datenüberwachung das Ausspionieren fremder Regierungen, kundschaften die Forschungs- und Entwicklungsergebnisse ausländischer Unternehmen und universitärer Forschungsinstitute aus etc. Nach den Aussagen von William Binney, ehemals technischer Direktor des US-amerikanischen Geheimdienstes NSA (National Security Agency), vor dem deutschen parlamentarischen NSA-Ausschuss im Jahr 2014 ist dieser US-Geheimdienst ein Staat im Staate, eine Institution, die „ohne Respekt vor den Gesetzen agiert". Das hatte zuvor schon Edward Snowden, ein anderer „Whistleblower", der für den US-Geheimdienst gearbeitet hatte, so formuliert. Die weltweite digitale NSA-Überwachung, so der 71-jährige Binney, sei die „größte Bedrohung für die Demokratie". Die NSA „will totale Kontrolle über alle und alles, sie will alle Informationen haben, die sie bekommen kann, und das global". Dazu verfüge sie über die kostspieligsten Hochleistungscomputer und die besten Rechenzentren. Die NSA verfolge einen „totalitären Ansatz, den wir sonst nur bei Diktaturen kennen". Die Geheimdienste, so Binney des Weiteren, hätten eigentlich einen Amtseid geleistet, der sie verpflichte, die US-Verfassung zu schützen. Doch das täten sie nicht. Die NSA wolle das „Empire". Dass geheime Gerichte in geheimen Sitzungen über geheime Dinge entschieden, von denen der US-Präsident und die US-Regierung nichts wüssten und die faktisch die Verfassung außer Kraft setzten, sei überhaupt nicht vorgesehen. Genau dies geschehe aber, um die totalitäre Überwachung in den USA und anderswo umsetzen zu können. Als amerikanische Journalisten im Juni 2014 den damaligen Chef der NSA, Michael Hayden, fragten, warum denn die NSA die Totalüberwachung der Welt durchführe, antwortete der: „Weil wir es können!"[31]

Binney selbst arbeitete 37 Jahre lang für den US-Geheimdienst NSA und war unter anderem in den 1990er-Jahren für die Entwicklung digitaler Überwachungsprogramme zuständig. Danach hatte er als technischer Direktor rund 6.000 Geheimdienstangestellte unter sich. Aus Protest gegen die Neuausrichtung der Datensammelpraxis nach 9/11 gab er seinen Job auf. Seitdem kämpft er gegen die verfassungswidrige Massenüberwachung der NSA und die aus seiner Sicht ineffektive Verschwendung von Steuergeldern. Er musste es hinnehmen, dass vor einigen Jahren der Inlandsgeheimdienst FBI sein Haus stürmte und durchsuchte und die US-Regierung ihn mehr oder weniger als vaterlandslosen Gesellen abstempelte. Doch im Gegensatz zu dem Whistleblower Edward Snowden darf William Binney in den USA verbleiben, ohne ins Gefängnis geworfen zu werden. Jedenfalls bisher.

In den letzten Jahren hat sich ein neues interdisziplinäres Feld für die Künstliche Intelligenz entwickelt: Bio-Engineering und Bio-Informatik. Auch auf diesem Gebiet erweist sich das Silicon Valley als Innovationszentrum. Am Schnittpunkt von Software-Informatik, Medizinforschung und Biologie treibt die Bio-Informatik die medizinische und biologische Forschung voran, vor allem auch durch die algorithmengesteuerte computerisierte Analyse von DNA- und Proteinsequenzen. Auf diesem Gebiet arbeiten die Internetkonzerne des Silicon Valley mit den medizinischen Fakultäten der University of California in Berkeley und San Francisco, der Stanford University in Palo Alto und den maßgeblichen privaten Krankenhäusern zwischen San Francisco und Monterey eng zusammen. Krankheiten sollen anhand genetischer Erkenntnisse auf das Individuum zugeschnitten geheilt werden. Die datengeleitete, computerisierte Medizin stützt sich dabei auf die Genom-Analyse, die durch größere Rechenkraft und komplizierte Algorithmen extrem kostengünstiger werden soll. Wird beispielsweise bei einem Patienten Krebs festgestellt, kann der Arzt einen individuellen Medikamentencocktail verabreichen, der auf die Besonderheiten des jeweiligen Genoms zugeschnitten ist.

Google, Facebook, Microsoft, Apple und andere Internetkonzerne investieren Milliarden Dollar in den Markt der Bio-Informatik und haben bereits Tochterfirmen gegründet. Ziel ist es, mittels Datenverarbeitung Medikamente und Methoden zu finden, die Krankheiten eliminieren bzw. deren Eintritt verhindern und dadurch letztlich das Altern verlangsamen, also die Lebenszeit der Menschen enorm verlängern sollen. IBM setzt sein superschnelles Datenanalysesystem „Watson" auf Klinikdaten und Krebsregister an, um Diagnosen zu verbessern und maßgeschneiderte Therapien anzubieten. Man ist also dabei, sich dem Traum vom wenn nicht ewigen, so doch sehr langen Leben anzunähern.

Vor allem aber will man den gläsernen Patienten schaffen, den IT-Konzerne, Versicherungsfirmen, Krankenkassen und Pharmakonzerne gemeinsam vollständig kontrollieren, überwachen und daraus ein Riesengeschäft machen können. Das gesamte Gesundheitswesen steht vor einer Revolution, das gesamte Konglomerat hat die Sammlung medizinischer Daten als eine Goldgrube der Zukunft erkannt.

Facebook-Gründer Mark Zuckerberg stellte anlässlich der Geburt seiner Tochter die Frage, ob seine Generation alle Krankheiten der Menschen werde heilen können, sodass „wir viel länger und gesünder leben können". Google-Gründer Larry Page hat die Tochterfirma „California Life Company" gegründet. Ihren Unternehmenszweck beschrieb das amerikanische *Time*-Magazin Ende November 2015 mit dem Satz: „The company to cure death" (Das Unternehmen, das den Tod heilt). Tatsächlich war Google eines der ersten IT-Unternehmen im Silicon Valley, das den Gesundheitsmarkt für sich entdeckte. Schon im Jahr 2008 schuf der damalige CEO Eric Schmidt die Tochterfirma „Google Health", um Patientendaten zu sammeln und für alle nutzbar zu machen, denn das sei schließlich „die Suchfrage der Zukunft". 2015 unternahm der Google-Konzern, der sich nun „Alphabet" nennt, eine Kooperation mit dem Pharma-Riesen „Sanofi". Gemeinsam wollen die beiden den Blutzuckerwert von Diabetespatienten untersuchen, um Insulin besser anwenden zu können. Zudem arbeitet die Alphabet-Tochter „Life Sciences" an einer Kontaktlinse, die den Blutzuckerspiegel in der Tränenflüssigkeit messen soll.

Auch Apple stieg in der Zwischenzeit zum großen Player im Gesundheitswesen auf. In Kooperation mit dem Massachusetts General Hospital testet das Unternehmen eine App, die untersucht, ob sich Diabetes mit Bewegung und Ernährung bekämpfen lässt. In Zusammenarbeit mit dem IT-Konzern IBM untersucht Apple die inneren und äußeren Gründe für das Entstehen von Krebs, Asthma und Parkinson. Im Jahr 2014 stellte Apple-Boss Tim Cook die „Apple Watch 2014" vor, die als mobiles Diagnosegerät dient.

Der IT-Konzern Microsoft war einer der Vorreiter im Gesundheitsgeschäft der Zukunft. Schon vor einigen Jahren startete Microsoft für Gesundheitsbewusste die Patientenakte „Health Vault" mit dem Werbeslogan: „Übernehmen Sie die Kontrolle über Ihre Gesundheit". Damit konnten Kunden auf ihrer Plattform ihre Krankheitsdaten selbst hochladen und sich selbst „optimieren". In der Zwischenzeit arbeiten die meisten IT-Unternehmen des Silicon Valley mit Hochdruck daran, in das zukunftsträchtige Gesundheitsgeschäft einzusteigen. Da darf man fragen: Geht es bei Big Data im Gesundheitswesen eigentlich noch um die Patienten oder um die Eigeninteressen der IT-Konzerne?

Die schöne neue Welt des digitalen Gesundheitswesens, die auf den gesammelten Daten der Kunden basiert, wird auf uns zukommen. Sie wird den gläsernen Patienten schaffen – mit allen weniger schönen Nebeneffekten. Wir überlassen dabei alle unsere Daten, unsere intimsten Informationen den IT-Konzernen, Versicherungsfirmen, den Krankenkassen, die dann über uns verfügen, uns kontrollieren können. Wer glaubt, sich dem entziehen zu können, und seine Daten diesen Institutionen verweigert, wird mit negativen Sanktionen bestraft werden. Vielleicht werden Jobs nur noch vergeben, wenn der Bewerber sich mit Haut und Haar digital überwachen lässt. Wer bei den Krankenkassen nicht mitmacht, seine Daten nicht umfassend zur Verfügung stellt, wird mit höheren Beiträgen bestraft werden. Und wer glaubt, dass die intimen Gesundheitsdaten, die Selbstoptimierer abliefern, nur von den Krankenkassen genutzt werden, wird eines Besseren belehrt werden, wenn seine Versicherung ihm die Police verweigert.[32] Können wir uns gegen diese Übergriffe wehren?

Im Gesundheitswesen braucht der digitale Kapitalismus dringend neue Regeln, um die Menschen vor totaler Überwachung zu schützen. Techno-Konzerne wie Google, Microsoft, Facebook, Amazon und andere digitalisieren die Medizin und verwandeln das Gesundheitswesen in ein riesiges Zukunftsgeschäft. Ihr großes Ziel ist es, mit einer ungeheuren Ansammlung von Daten und algorithmengestützter Künstlicher Intelligenz alle Krankheiten zu besiegen. Der Traum vom ewigen Leben ist bei vielen KI-Wissenschaftlern omnipräsent, und gemeint ist nicht die jenseitige Welt nach dem Tod, sondern die diesseitige Welt, in der Krankheit, der Prozess des Alterns und der Tod aufgeschoben und in der Vorstellung vieler bald ganz besiegt sein werden.

Die Tech-Giganten im Silicon Valley bewegen sich bei den großen Entwicklungen unserer Zeit im Gleichschritt. Google, Amazon, Facebook, Apple und Microsoft sammeln Mediziner, Biologen, Bio-Informatiker, Robotik- und Computerwissenschaftler zu Tausenden für ihre Forschungslabore ein. Im Silicon Valley glaubt man, dass die Entschlüsselung der menschlichen Biologie und Intelligenz sowie das Verständnis von Krankheiten im Grunde nur ein Daten- und Algorithmenproblem sind und deswegen von Softwareexperten gelöst werden kann. Der Fortschritt im neuen Gesundheitswesen, so Forscher der IT-Konzerne, erweise sich als exponentiell und die Rechenkraft der Computer explodiere. Unmengen von Daten auszuwerten werde von Tag zu Tag leichter. In den Silicon-Valley-Konzernen wird dabei besonders an der medizinischen Grundlagenforschung gearbeitet. Zum Beispiel geht es um die Frage, wie sich der Krebs besiegen lässt, wie Alzheimer- und Demenzkrankheiten eliminiert werden können, wie es möglich ist, Blutwerte, Insulin, Herzschlag, Gehirnströme 24 Stunden am Tag zu analysieren. Und die medizinische Datenverarbeitung findet heraus, wie sich Patienteninformationen, klinische Studien und Forschungsergebnisse maschinell auswerten lassen. Nach einem Artikel der *New York Times* vom 29. Oktober 2017 gaben die Tech-Konzerne im Jahr 2016 für die Grundlagenforschung in diesem Bereich ungeheure Summen aus: Amazon 16 Milliarden Dollar, Google (Alphabet) 14 Milliarden Dollar, Microsoft 12,3 Milliarden Dollar, Apple 10 Milliarden Dollar, Facebook 6 Milliarden Dollar. Im Vergleich dazu brachte der deutsche Pharmakonzern Bayer 2016 für die Grundlagenforschung nur 5 Milliarden Dollar auf.

Das Silicon Valley arbeitet auch daran, wie Algorithmen Hautkrebs auf Fotografien erkennen können, wie Herzinfarkte durch künstliche Nanopartikel in den Blutgefäßen vorhergesagt werden können. Die einzelnen Konzerne finanzieren die Erstellung eines „menschlichen Zellenatlas". Forschungszentren sollen alle menschlichen Zellen kartografieren und auf dieser Basis neue Medikamente herstellen. Die gesamte Forschung auf diesem Gebiet zielt im Silicon Valley auf eine personalisierte Medizin ab, in der Diagnose und individuelle Behandlung auf einer Genomanalyse beruhen. Man glaubt, das Problem Krebs und das Problem Alzheimer und Demenz innerhalb von zehn Jahren lösen zu können. Die Rede ist von „Computing Cancer", also davon, den Krebs auf dem Computer zu besiegen oder Alzheimer mittels „künstlicher Neuronenimplantate" auszuschalten.

Datengestützte Algorithmen sollen Ärzten dabei helfen, die Ursprünge einer Krankheit umfassend zu analysieren. Maschinenintelligenz wird die Genomanalyse perfektionieren und Medikamentencocktails entwickeln. Neue Informatikmethoden werden dazu führen, den Code von Zellen zu knacken und sie zu programmieren wie eine Software. Dabei entwickelt und verbessert sich die Software von selbst, indem sie aus der Masse der Daten lernt („selbstlernender Prozess der Software"). Es werden also datenfressende algorithmengestützte Softwaremaschinen eingesetzt, um das Gesundheitswesen zu revolutionieren. Für diese Grundlagenforschung steht heute unter anderem die größte Datenbank mit rund 27 Millionen medizinischer Abhandlungen zur Verfügung, die digital zugänglich sind.

Bei der digitalen Zukunftsmedizin stehen wir so vor einer neuen Zeit von Mensch-Maschine-Zusammenarbeit. Aber ist die Maschine dabei Arzthelfer und Menschenheiler oder doch eher Totalüberwacher und Arztersetzer? Vieles deutet darauf hin, dass die menschliche Biologie wie Software programmiert und unsere DNA wie ein Computerprogramm bearbeitet werden wird.

Die digitale Revolution und die Künstliche Intelligenz schreiten auch auf anderen Gebieten unseres Lebens voran. Im Moment sind sie dabei, eine künstliche Sprache zu schaffen. In einem Beitrag zu Googles Übersetzungsdienst und zur Zukunft der Sprachen hat *Le Monde diplomatique* im Januar 2015 auf die Kritik des US-amerikanischen Linguisten Noam Chomsky über die algorithmengesteuerten Übersetzungsmaschinen und „ihren Sprachmischmasch" und auf den Essay *Von der Maschine geschrieben* des Informatikers Evgeny Morozov zurückgegriffen. Beide Wissenschaftler kritisieren den „Sprachimperialismus" des Englischen im Online-Übersetzungsservice von Google.

Wenn jemand vor Kurzem, so *Le Monde diplomatique*, zum Beispiel im Online-Übersetzungsdienst von Google die italienische Entsprechung für den französischen Satz „Cette fille est jolie" (Dieses Mädchen ist schön) gesucht habe, so habe er die Antwort bekommen: „Questa ragazza è abbastanza" (Dieses Mädchen ist ziemlich). Wie konnte der leistungsstärksten, algorithmengesteuerten Übersetzungsmaschine der Welt, deren Spracharsenal aus Milliarden von Sätzen besteht, ein solch grober Fehler unterlaufen? Die Antwort ist einfach: Die Übersetzungsmaschine nimmt den sogenannten Zwischenschritt über das Englische. „Jolie" heißt auf Englisch eigentlich „pretty", aber „pretty" wird im täglichen englischen Sprachgebrauch häufig als „ziemlich" benutzt. Und so wurde „pretty" in der Bedeutung von „ziemlich" mit „abbastanza" übersetzt.[33]

Ein anderes Beispiel: Aus „Je pense que vous avez un President magnifique" („Ich denke, Sie haben einen großartigen Präsidenten") wurde „Penso che tu abbia una bella sedia" („Ich denke, Sie haben einen schönen Stuhl"), weil „president" im Italienischen nicht mit „Präsident", sondern mit „chair" übersetzt wurde, was sowohl Stuhl als auch Präsidium bedeuten kann. Es ging auch umgekehrt: Aus „Hai fatto un compito terrificante" („Du hast eine fürchterlich schlechte Arbeit gemacht") wurde bei Googles Maschine „Tu as fait un travail formidable" („Du hast eine hervorragende Arbeit gemacht"), weil das englische „terrific" je nach Kontext mit „fürchterlich" oder „hervorragend" übersetzt werden kann – und hier ohne Zögern aus einer doch ziemlich schlechten eine besonders gute Sache machte. Oder die idiomatische Wendung „Il pleut des cordes" („Es regnet Bindfäden") überträgt Googles Maschine in ein pseudopoetisches „Piove cani e gatti" („Es regnet Hunde und Katzen"). Dabei ist die wörtliche Übersetzung des englischen „It rains cats and dogs" der italienischen Sprache völlig fremd. Hiervon gibt es Hunderte von Beispielen.[34]

Ergebnis: Google hat sein Übersetzungsprogramm auf algorithmengesteuerten Textpaaren aufgebaut, die fast immer Englisch als Referenzsprache benutzen. Dabei kommt es zu sprachlichen Verzerrungen, zu einem Mischmasch der Sprachen. Während das Französische und Italienische sich ähnlich sind, funktioniert Englisch „ziemlich" anders. Die englische Sprache ist ausgesprochen vieldeutig und reich an idiomatischen Wendungen. Ohne den Kontext zu kennen, wird eine automatisierte Übersetzung aus dem Englischen häufig fehlschlagen und könnte so zu schwerwiegenden Fehlinterpretationen bei politischen Entscheidungen führen.

Die Referenzsprache Englisch wirkt damit an einem Sprachenvermischungsprozess mit, nämlich der Bildung einer *neuen* Sprache auf der Basis von Transformationen älterer Sprachen – ein Phänomen, das Linguisten wie Noam Chomsky wohlbekannt ist. Die gegenwärtigen, vor allem durch Algorithmen verursachten Verzerrungen haben eben diese künstliche Mischsprache entstehen lassen, mit der eine junge Generation von Nutzern der Übersetzungsmaschinen heute wie selbstverständlich umgeht, ohne zu wissen, dass sie häufig von falschen Übersetzungen überflutet werden. Der „Sprachimperialismus des Englischen" im Übersetzungsservice bei Google und anderen hat somit viel subtilere Auswirkungen, als es die auf den „Krieg der Sprachen" gerichtete Kritik vermuten lässt. Wenn ein einziges Idiom als Referenzsprache dient, führt dies dazu, dass dessen Logik und Eigenheiten andere Sprachen verunglimpfen und damit auch die spezifische Art, in der in anderen Sprachen gedacht wird. Diese Entwicklung wird an einer globalen Sprachveränderung mitwirken, bei der Algorithmen eine Schlüsselrolle übernehmen werden.

So wie Englisch für die europäischen Sprachen als „Brückensprache" für Übersetzungs- und Suchmaschinen dient, so werden in anderen Sprachräumen andere Sprachen (Chinesisch, Indisch) diese Funktion übernehmen. Wer wird dann noch in fünf bis zehn Jahren Texte ohne das Zutun von Algorithmen schreiben? Wie viel Zeit wird vergehen, bis die ersten durch Algorithmen entstandenen Sprachprodukte als natürliche Formen verstanden werden? Was wird aus unserer Sprachenvielfalt?[35]

Heutzutage ist die Software-Welt auch dabei, ein Super-Überwachungssystem im All zu stationieren. Wieder ist es das Silicon Valley, das den Vorreiter spielt. Wieder sind es Google und einige erfolgreiche Start-ups, die nun mit ihrer künstlichen Software in den Orbit aufsteigen. Sie wollen den Weltraum mit Hunderten Minisatelliten – sogenannten Nanosats – erobern und einen umfassenden Datenstrom aus dem All zum Geschäft machen. Dabei geht es um einen Milliardenmarkt und enorme Profite.

Eines dieser Start-ups heißt „Planet Labs", gegründet vor vier Jahren mit Sitz in San Francisco und Cupertino. Im August 2014 stieg ein Schwarm von 28 Planet-Labs-Minisatelliten von der Internationalen Raumstation in den Orbit auf. Aufgabe: den Planeten Erde zu fotografieren, bis in die letzten Winkel, ohne Unterbrechung, jeden Tag. Erdüberwachung pur. „Wir sind auf dem Weg zum größten kommerziellen Bilderstellungssystem im Orbit" erklärte Will Marshall, Gründer und Boss von Planet Labs, der an der Oxford University in Astrophysik promovierte. Vor der Unternehmensgründung hatte er für die NASA daran gearbeitet, Wasser auf dem Mond zu finden. Anfang Januar 2015 gelang es ihm, hundert Millionen Dollar Risikokapital für Planet Labs einzusacken.[36] Die im August 2014 aufgestiegenen Minisatelliten sind bereits der dritte Schwarm, den Planet Labs in den Weltraum befördert hat. Dutzende sollen folgen und sich zusammenschließen zu einem verknüpften System: einem sogenannten „Planeten-Scanner", der die Erde täglich umfassend neu kartografiert, beobachtet und überwacht.

Planet Labs ist nicht das einzige Start-up, das mit staatlichen Raumfahrtbehörden wie der NASA konkurriert. In Mountain View, im Zentrum des Silicon Valley, hat „Skybox Imaging" eigene Nanosatelliten entwickelt und ins All geschossen. Im Sommer 2014 hat der Krake Google das Start-up für 500 Millionen Dollar gekauft. Im Januar 2015 übernahm Google ebenfalls für rund eine Milliarde Dollar 10 Prozent an „Space X". Space X plant ein globales Kommunikationssystem im Orbit, „größer als alles bisher Dagewesene". Auch „Rocket Lab", ein von Wagniskapitalgebern aus dem Silicon Valley finanziertes Raumfahrt-Start-up, will leichtere Raketen bauen, um Nanosats ins All zu senden. All diese jungen Unternehmen sehen sich dabei weniger als Raumfahrtfirmen, sondern eher als Software- und Datenunternehmen. „Wir bringen die Raumfahrt endlich in die Software-Welt, und das ist ein großer Wandel", erklärte Planet-Labs-Gründer Marshall.[37]

So werden in den nächsten Jahren Hunderte Minisatelliten ins All befördert werden. Alle mit dem gleichen Ziel: Erde und Orbit exakt zu beobachten, zu vermessen, auszuspionieren und die gesammelten Daten an den Mann zu bringen. Darunter werden Daten über Regierungsprojekte, Forschung und Entwicklung von Unternehmen, über Waffenschmieden, private und staatliche Institutionen und Privatpersonen sein. Es droht ein Big-Brother-Überwachungssystem aus dem All. Es droht ein neuer Datenkrake zu entstehen, vieltausend

Mal größer als „Google Street View". Und mitten drin ist Google über Skybox Imaging und Space X.

Der Internetkonzern Google, seit August 2015 unter dem Namen „Alphabet" geführt, ist das markante Sinnbild dafür, dass der Mensch mehr und mehr die Kontrolle über sich an Computer, an intelligente Maschinen und soziale Netzwerke übergibt. Unsere Zukunft, so scheint es Google zu wollen, soll von Algorithmen gesteuert und beherrscht werden. Die neue Holdinggesellschaft Alphabet ist das Symbol dieser Entwicklung, einer Entwicklung, die entscheidet, wie wir leben, lieben, arbeiten, wirtschaften, wie wir Muße- und Freizeit gestalten, kurz: wie sich unser Leben auf der Erde von der Krippe bis zum Grab abspielen wird. Alphabets Anspruch, von A bis Z, von Alpha bis Omega alles zu verändern, alles besser zu wissen – ein Anspruch, der sich bei der neuen Holdinggesellschaft im Namen widerspiegelt –, darf als Merkmal der digitalen Revolution schlechthin bezeichnet werden.

Google gibt sich also ein neues Gesicht. Der Konzern wird radikal umgebaut. Eine Holdingstruktur soll es dem weltgrößten Suchmaschinen-Anbieter (auch in Europa hat Google mit seiner Suchmaschine bereits einen Marktanteil von über 90 Prozent) ermöglichen, künftig schneller, umfassender, unabhängiger und unkontrollierbarer zu agieren. Google hat sich seit seiner Gründung 1998 von einer reinen Internetfirma zu einem Konzern entwickelt, der unter anderem für das Betriebssystem Android, YouTube-Videos, die Entwicklung fahrerloser Autos und selbststeuernder Drohnen, Such- und Übersetzungsdienste, blutzuckermessende Kontaktlinsen für Diabetiker, Smartphones sowie die Finanzierung und Übernahme von Start-ups verantwortlich zeichnet. Nun soll das Unternehmen schlanker, sollen die einzelnen Bereiche eigenständiger werden, um die bisherigen Umsätze und Profite zu erhöhen, kündigte Google-Boss Larry Page im August 2015 an. Dabei stiegen die bisherigen Profite von Google beispielsweise im zweiten Quartal 2015 um 17 Prozent auf rund 3,9 Milliarden Dollar an. Nach dem zweiten Quartal 2018 erzielte die

Konzernmutter Alphabet einen Umsatz von 32,6 Milliarden Dollar, davon waren 28 Milliarden Werbeerlöse von Google. Übrigens: Googles Investoren waren die nicht einmal 30 Jahre alten Gründer Larry Page und Sergey Brin zu jung, um ein derartiges Unternehmen zu leiten. Deshalb wurde der ältere Manager Eric Schmidt als eine Art „Erwachsenenaufsicht" angeheuert. Für zehn Jahre, bis Larry Page wieder das Ruder übernahm, wurden die Geschäfte von einer „Troika" geführt.

Im Silicon Valley ist eine neue Ökonomie, eine digitale Wissensökonomie mit bereits unvorstellbaren Finanzmitteln und Marktwerten entstanden, die bereits im Jahr 2014 enorme Umsätze und Renditen erwirtschaftet hat. Ein Blick auf die Marktwerte und Börsenbewertungen einiger Silicon-Valley-Internetfirmen bestätigt das. Hier ein paar Marktwertzahlen in Milliarden Dollar vom April 2014: Spotify 4, Zalando 5, Groupon 5, airbnb 10, WhatsApp 19 (von Facebook im Jahre 2013 für 19 Milliarden Dollar übernommen), Linked 18, Twitter 26, Yahoo 36, eBay 71, Facebook 118, Amazon 153, IBM 201, Google 318, Microsoft 340 (Microsoft übernahm im Jahre2011 Skype für 8,5 Milliarden Dollar), Apple 481 etc. Im Vergleich dazu belief sich der Marktwert von Daimler-Benz im April 2014 auf 102 Milliarden Dollar.[38] Nach der Übernahme der britischen KI-Firma DeepMind für 400 Millionen Dollar wurde Google-Mutter Alphabet im Januar 2016 mit einem Marktwert von 570 Milliarden Dollar der wertvollste Konzern der Welt und löste damit Apple (535 Milliarden) ab. Im Jahr 2018 – also vier Jahre danach – explodierten diese Marktwertzahlen geradezu in astronomische Höhen. Ich komme später noch darauf zurück.

Diese Internetfirmen im Silicon Valley besaßen in den 1980er-Jahren noch Marktwerte, die meist ein paar Millionen Dollar nicht überschritten. Einige von ihnen gab es noch gar nicht, so etwa Google und Facebook. Zu Beginn des 21. Jahrhunderts hatten sich diese Marktwerte auf viele Milliarden Dollar erhöht. Das geht auch auf „Deep Blue" zurück. Nachdem der IBM-Supercomputer im Jahr 1997 im Schach gegen den Schachweltmeister Garri Kasparow „gewann", stieg der Aktienwert von IBM auf über 18 Milliarden Dollar. Heute haben sich die meisten der oben genannten Internetfirmen etabliert, vor allem die am schnellsten wachsenden Konzerne Google und Facebook. Ihnen stehen die besten Köpfe aus aller Herren Länder zur Verfügung. Jeden Tag sind wir von ihren Systemen der Künstlichen Intelligenz umzingelt: keine Suchanfrage bei Google ohne selbstlernende Software; keine Empfehlungen bei Amazon ohne adaptive Systeme; kein Newsfeed bei Facebook ohne eine Form von Künstlicher Intelligenz. Bei diesen künstlichen neuronalen Netzen handelt es sich um selbstlernende, von Algorithmen gesteuerte informationsverarbeitende Systeme, die ohne Vorgaben eines Programmierers aus Rohdaten konkrete Informationen und Schlussfolgerungen ziehen.

Facebook ist wie Google ein gutes Beispiel für den rasanten Aufstieg eines Silicon-Valley-Konzerns. 2012 übernahm sein jugendlicher Gründer Mark Zuckerberg das soziale Netzwerk Instagram, bevor es seinem Unternehmen gefährlich werden konnte. Im gleichen Jahr ging Facebook an die Börse. Danach folgte im Jahr 2014 die Übernahme von WhatsApp für 19 Milliarden Dollar, hatte sich doch der Kurznachrichtendienst zum mächtigen Konkurrenten entwickelt. 450 Millionen Menschen in aller Welt benutzten ihn bereits, um Nachrichten und Bilder auszutauschen. Es geht Facebook darum, eine möglichst große Plattform zu schaffen, die viele Menschen überall in der Welt an sich bindet. Diesen Menschen können dann weltweit Produkte und Dienstleistungen aller Art offeriert werden, und zwar ohne dazwischengeschaltete Vertriebsstrukturen, wie es noch in der alten Wirtschaft üblich war. 2014 hatte Facebook bereits 1,4 Milliarden Nutzer. In Zukunft könnte Facebook allein als soziales Netzwerk mit weit über 2 Milliarden Usern in der realen Welt „die dritt- oder viertgrößte Volkswirtschaft" werden – und damit eine monopolistische Weltwirtschaftsmacht.

Im März 2018 kam es zu einem bösen Erwachen bei Facebook. Datenskandal, Fake News, russische Hacker-Manipulation – das soziale Netzwerk Facebook scheint zu einer Gefahr für die Demokratie geworden zu sein. Auf diese Entwicklung hatte Jaron Lanier schon lange davor in seinem Buch *Wem gehört die Zukunft?* hingewiesen. Seine Warnung erwies sich als durchaus zutreffend, geht es doch um die Manipulierbarkeit der Nutzer sozialer Netzwerke wie Facebook, deren werbegetriebenes Geschäftsmodell enorme globale Nutzerzahlen erfordert. Je größer die globale Reichweite, desto größer die Einnahmen. Je länger die User auf den Seiten bleiben, umso mehr Werbung lässt sich verkaufen. Hier zeigt sich die Konsequenz von Facebooks Geschäftsmodell, das allein auf dem Sammeln und Auswerten von Unmengen Daten basiert und dabei auf die Nutzer keine Rücksicht nimmt. Staatliche Regulierungen zum Schutz seiner User hat Facebook bisher abgelehnt.

Die Daten von 87 Millionen US-amerikanischen Facebook-Nutzern wurden in 2015 und 2016 von der britischen Politikberatungsfirma „Cambridge Analytica" abgegriffen, um mit den so gewonnenen Erkenntnissen den US-Wahlkampf massiv zugunsten Donald Trumps zu beeinflussen. Stephen Bannon und andere Strategen der Trump-Kampagne griffen auf die erbeutete Facebook-Datensammlung von Cambridge Analytica zu. Ihnen standen so die Informationen von 87 Millionen ausgespähten Facebook-Nutzern zur Verfügung, die nun missbraucht wurden, indem sie mit maßgeschneiderten Pro-Trump-Messages versorgt wurden. Und Facebook wusste seit 2015 darüber Bescheid und tat nichts, um seine Nutzer zu beschützen. Der ehemalige Mitarbeiter bei Cambridge Analytica und heutige Whistleblower Christopher Wylie, der den Datenskandal aufdeckte, sagte dazu in einer BBC-Sendung, sie hätten die Daten an die Trumpleute verkauft, um „einen Kulturkrieg in Amerika zu führen […]. Cambridge Analytica sollte das Waffenarsenal sein, um diesen Krieg zu führen." So werden die von Facebook aggregierten Daten von Privatpersonen, Firmen und Interessengruppen nicht nur abgegriffen, sondern damit auch Politik und Gesellschaft beeinflusst und Wahlen manipuliert.

Auch die Russen-Hacker hatten für Trumps Wahlkampf Daten von Facebook missbraucht und so mitgeholfen, Trump zum Sieg über Hillary Clinton zu verhelfen. Im Februar 2018 veröffentlichte ein Sonderermittler eines US-Untersuchungsausschusses in Washington eine Anklageschrift gegen 13 „russische Agenten". Darin wurde detailliert aufgezählt, wie die Beschuldigten Facebooks Daten benutzten, um die amerikanische Bevölkerung zu manipulieren und für russische Zwecke zu instrumentalisieren.

Bei einer Anhörung vor einem Ausschuss des britischen Unterhauses sagte der Whistleblower Christopher Wylie im März 2018 aus, dass auch das Brexit-Votum für den Austritt Großbritanniens aus der Europäischen Union durch von Cambridge Analytica abgegriffene Facebook-Daten manipuliert worden sei (die Austrittsbefürworter hatten nur 580.000 Stimmen mehr als die Befürworter für den Verbleib in der EU).

Heute ist für über 2 Milliarden Nutzer das Facebook-Netzwerk eine der wichtigsten Informationsquellen. Viele von ihnen schauen kein Fernsehen mehr, lesen keine Zeitung. Sie ziehen ihre Nachrichten aus dem sozialen Netzwerk. Hier findet also die politische Willensbildung statt. Desinformationen, sprich Fake News, erreichen dort häufig mehr Nutzer als wahre Nachrichten. Aufbereitete Inhalte, die das Weltbild von Zuckerberg und Konsorten bestätigen, werden bevorzugt gezeigt. So wurde aus Facebook in den letzten Jahren keine bessere und/oder reifere Form von Nachrichten und Öffentlichkeitsarbeit, sondern eine weltweite Werbe- und Manipulationsplattform.

Hass, Lügen, Desinformationen werden bei Facebook und Co. nicht zensiert. Selbst Holocaust-Leugner in den USA will Facebook-Boss Mark Zuckerberg nicht von seiner Plattform aussperren. Die ethischen Maßstäbe, mit denen soziale Netzwerke wie Facebook, Google, Twitter und andere die Daten ihrer Nutzer regulieren, lassen sich nicht nachvollziehen, weil es sie kaum gibt, das heißt, sie sind gewollt nicht vorhanden. So setzen Facebook und Co. unsere Demokratie den Gesetzen des uneingeschränkten Marktes aus. Falschmeldungen, Lügen, Manipulationen werden zu lukrativen Produkten und sind Teil des Geschäftsmodells dieser IT-Konzerne, Gesetze für eine Regulierung solcher Machenschaften lehnen diese Unternehmen und ihre mächtigen Lobbys ab. Und so kann US-Präsident Donald Trump jeden Tag über Twitter seine Hasstiraden und Fake News verbreiten, ohne dass US-Behörden etwas dagegen unternehmen. Es gibt keine Zensur. Die Künstliche Intelligenz wird so zur Gefahr für die Demokratie.

Die Politik versucht nun, Facebook Schranken zu setzen. Sein Gründer Mark Zuckerberg musste vor Ausschüssen über die Facebook-Machenschaften berichten. Aber die Politik wird nicht viel ausrichten können gegen die ökonomische Supermacht Facebook. Facebook is too big to fail. Nur die Zivilgesellschaft könnte vielleicht durch einen weltweiten „Löscht-Facebook-Boykott" etwas ausrichten.[39]

Internetkonzerne des Silicon Valley wie Google, Microsoft und Amazon haben sich mit dem Pentagon, dem Militär-Industriellen-Komplex, eng verbunden. Das geht aus einer Studie des *Journal of Interrupted Studies* aus dem Jahr 2018 hervor, das unter anderem Essays und Schriften entlassener, geflüchteter und entrüsteter Informatiker, Computerwissenschaftler und Mathematiker dieser IT-Konzerne veröffentlichte. Dabei kam zum Beispiel Folgendes heraus:

Google verkaufte schon ab 2015 KI-Technologie an das US-Militär. Das Pentagon benutzt sie vor allem zur Terrorismusbekämpfung via Drohnen im Irak, in Syrien und Afghanistan. Viele Google-Mitarbeiter sind darüber entsetzt. Einige haben das Unternehmen aus Protest verlassen, andere wurden entlassen. Während über Facebook eine Skandalwelle hereinbrach, wird über die Machenschaften anderer Internetgiganten kaum berichtet, obwohl diese KI-Technologien für das US-Militär entwickeln, die bewusst in der sogenannten Terrorabwehr eingesetzt werden. Die Kunden sind dabei unwissentlich die Versuchskaninchen. Facebook ist nicht das einzige schwarze Schaf des Silicon Valley. Um die Machenschaften der IT-Konzerne zu bekämpfen, benötigen wir eine viel breitere öffentliche Aufklärung über die moralischen Grenzen der KI-Branche, vor allem, wenn es, wie bei Google, um die Verwendung von Kundendaten für militärische Zwecke geht.

Google wollte seine Zusammenarbeit mit dem Pentagon geheim halten. Doch das Onlineportal „Gizmodo" zwang das Unternehmen zu einer Stellungnahme. Auch das US State Department (Außenministerium) gab schließlich Googles Beteiligung am „Maven Project" zu, das die Verquickung von Big Data und Maschinenlernen für das Pentagon erweitern sollte. Laut *Wall Street Journal* unterstützte das Pentagon allein im Jahr 2017 mit 7,4 Milliarden Dollar KI-Projekte im Silicon Valley. Google ist nicht der einzige Techno-Gigant mit eindeutigen finanziellen und KI-Verbindungen zum US-Militär. So stellt zum Beispiel Microsoft Systeme zur „Speicherplatzverwaltung" für das Pentagon her, und Amazon produziert „Bilderkennungssoftware" für Militär-Drohnen.

Das Argument des Google-Vorstandes, die gelieferte KI-Technologie (Maven Project) werde nicht direkt für Kriegshandlungen oder zur gezielten Tötung benutzt, empfanden über 3.000 der 70.000 Google-Mitarbeiter als „scheinheilig". In einem offenen Brief im *Journal of Interrupted Studies* wandten sie sich im April 2018 gegen den Firmenvorstand: „Einmal geliefert", so schrieben sie, „kann die Technologie für alles Mögliche eingesetzt werden [...]. Wir können die moralische Verantwortung für unsere Technologie nicht an Dritte weitergeben, besonders weil uns unsere Kunden mit ihren Daten vertrauen." Der Google-Vorstand zeigte sich von diesem Brief nicht beeindruckt. Schon im November 2017 hatte der ehemalige CEO beim Google-Mutterkonzern Alphabet Eric Schmidt in einer Rede vor dem „Center for a New American Security" hervorgehoben, wie Google das Pentagon mit Künstlicher Intelligenz bei seinen zukünftigen Kriegsvorbereitungen unterstützen wollte. Er sei sich bewusst, so Schmidt, dass es Bedenken im Silicon Valley gebe, ihre Kreativität könnte vom Militär zur gezielten Tötung missbraucht werden.

Letztlich gehe es aber um die „nationale Sicherheit“, da sei es „genau richtig, die neuen Möglichkeiten auszuschöpfen.“

Im Spätherbst 2017 verließ Eric Schmidt seinen Posten als Vorstandsboss beim Google-Mutterkonzern Alphabet – verblieb dort aber im Aufsichtsrat – und übernahm die Stellung des Vorsitzenden des „Defense Innovation Board“ im Zentrum des Pentagons. Dort arbeitet er nun mit andern KI-Managern an der Entwicklung des US-Waffenarsenals der Zukunft – im Moment an der Erkennung von bewegten und unbewegten Objekten auf Drohnenbildern und an der Weiterentwicklung von sogenannten „Slaughterbots“, winzigen elektronisch gesteuerten Kampfrobotern, die in großen Umkreisen alles zerstören, ohne dabei atomaren Ausfall zu produzieren[40]. Die oben genannten IT-Konzerne arbeiten also eng mit dem Pentagon zusammen, vor allem auch an autonomen Kampf- und Tötungsrobotern, an Mikrodrohnen, die sich autonom aneinander orientieren und sich wie Schwärme auf Gegner und feindliche Kommunikations- und Kommandozentren stürzen. Luftabwehrraketen können derlei Drohnenattacken kaum abwehren. Ebenso arbeitet man eng zusammen bei der Entwicklung unbemannter autonomer U-Boote und unbemannter autonomer Kampfflugzeuge. Künstliche Intelligenz entwickelt also im Silicon Valley die Kriegsrüstung der Zukunft; Maschinen werden so in absehbarer Zeit über Leben und Tod, Krieg oder Frieden entscheiden, nicht mehr der Mensch.

Googles Problem und das anderer IT-Konzerne ist nicht nur, dass man Künstliche Intelligenz für das Pentagon zur Verfügung stellt, sondern dass dies ohne das Wissen der User geschieht, deren Nutzung des Systems die Technologie erst ermöglicht. Die Debatte über Facebook und Cambridge Analytica ist somit nur ein Teil der drängenden Frage, wo die moralischen Grenzen der Internetgiganten aus dem Silicon Valley liegen. In den USA werden dazu keine regulierenden Spielregeln angewandt. In Europa traten dagegen ab Mai 2018 neue Regularien gegen den Missbrauch von Nutzerdaten in Kraft, nämlich die „Datenschutz-Grundverordnung“.

Im Vergleich zu den bereits angegebenen Marktwert- und Börsenwertzahlen aus dem Jahr 2014 müssen wir feststellen, dass diese Zahlen im Jahr 2018 geradezu explodierten. Nach den neuesten Recherchen von Thomson Reuters Datastream und dem New York Stock Exchange vom 20. Juni 2018 haben sich die Erfolge der Internetkonzerne in astronomische Börsenbewertungen und enorme Kurssteigerungen entwickelt. Sieben der zehn wertvollsten Unternehmen der Welt sind im Plattformgeschäft, vor zehn Jahren war es noch kein einziges! Damals führten PetroChina, Gazprom und ExxonMobil die Liste der wertvollsten Unternehmen an. Heute sind es Apple, Amazon, Alphabet (Google), Microsoft und Facebook. Danach folgen die beiden chinesischen Internetkonzerne Alibaba und Tencent. Folgende Börsenwerte wurden von den oben genannten Quellen errechnet: Apple: 916,7 Milliarden Dollar, ab Anfang August über 1 Billion Dollar; Amazon: 849,2 Milliarden; Alphabet (Google): 817,4 Milliarden; Microsoft: 782,7 Milliarden; Facebook: 585,1 Milliarden; Alibaba: 528,2 Milliarden; Tencent: 484,7 Milliarden.

In China konnten Alibaba, Tencent und auch die Suchmaschine Baidu solch gewaltige Ausmaße annehmen, weil die Regierung den Markt vor den großen US-Internetkonzernen abschottet. So entwickelten sich unter dem Schutz des Staates Technologiekonzerne wie Alibaba, Tencent und Baidu, die den amerikanischen bald ebenbürtig sein werden. Die chinesischen IT-Giganten werden ihre Größe und Macht unter dem Schutz des Staates weiter ausbauen. In den USA spricht man hingegen bereits – nach Facebooks Cambridge-Analytica-Skandal – von einer Zerschlagung der großen IT-Unternehmen. Facebook, so fordern Kritiker aus der Wissenschaft, sollte gezwungen werden, die konzerneigenen Dienste WhatsApp und Instagram abzutreten. Doch die Lobbys, die für die IT-Konzerne in Washington D. C. aktiv sind, sind zu mächtig in ihrer „wohlwollenden" Arbeit für die Plattformfirmen, und die Politik ist ihnen hörig. Außerdem sind die Tech-Unternehmen des Silicon Valley, wir sahen es bereits, too big to fail.

Hier könnten nur Maßnahmen der Nutzer Erfolg haben, wie Jaron Lanier sie in seinem Buch *10 Gründe, warum du deine Social Media Accounts sofort löschen musst* darlegt. Aber auch das ist unwahrscheinlich. Die User werden nicht von sich aus den Zensor spielen und ihren Account löschen. Sie werden nicht nachziehen, weil die Dienste von Google, Facebook und Twitter für sie einfach zu bequem und kostenlos sind. Jedenfalls glauben sie das. Dass ihre Daten die Grundlage für das Geschäftsmodell und die Superprofite dieser Konzerne bilden, können oder wollen sie nicht einsehen.

Wie Lanier schon in *Wem gehört die Zukunft?* und nun in seinem neuen Buch fordert, sollten die Social-Media-Konzerne uns für unsere Daten bezahlen. Schließlich sind diese die neuen Produkte, die wir den Firmen kostenlos zur Verfügung stellen. Und sie schlachten sie aus, ohne sie zu zensieren, machen große Gewinne damit und manipulieren Gesellschaft, Politik und Wahlen.[41] Die fehlende Zensur und die Nichtbezahlung unserer Daten sind für Jaron Lanier die wesentlichen Merkmale der ethischen Un-Kultur von Facebook und Co.

Nicht nur Facebook, auch andere Digitalkonzerne nehmen den Schutz ihrer Kunden nicht ernst. Auch weil diese es von ihnen nicht verlangen. Ein weiteres Beispiel dafür ist „Google Plus". Im Oktober 2018 musste Google Plus, der Suchmaschinenwettbewerber von Facebook – nach Berichten der *New York Times* und des *Wall Street Journal* – einräumen, dass persönliche Daten von einer halben Million seiner Nutzer für den Missbrauch durch Dritte einsehbar und damit manipulierbar geworden waren. Über 400 Beratungs- und Entwicklungsfirmen haben die Sicherheitslücke durch ihren Zugriff auf die persönlichen Daten bei Google Plus ausgenutzt und missbraucht. Mehr als drei Jahre lang klaffte diese Sicherheitslücke bei diesem sozialen Netzwerk, ohne dass etwas dagegen unternommen wurde.

Erst die oben genannten Medien zitierten im Oktober 2018 aus internen Google-Papieren, in denen Konzernjuristen davon abrieten, diese Datenpanne öffentlich zuzugeben, denn das hätte Vergleiche mit Facebooks Datenskandal um Cambridge Analytica bedeutet. Warum tun diese IT-Giganten das? Warum riskieren sie, dass so etwas entdeckt wird? Weil sie nicht bestraft werden, weil sie *too big to fail* sind, weil es kaum Risiken für sie gibt, denn ihre Erfahrungen aus früheren Datenskandalen zeigen ihnen, dass sie nichts zu befürchten haben – siehe Facebook und Cambridge Analytica. Und weil sie sich der Loyalität ihrer Nutzer sicher sein können.

Facebook und Google können sich auf die Bequemlichkeit und Gleichgültigkeit ihrer Nutzer verlassen. Jaron Laniers „10 Gründe, warum du deinen Account bei Facebook und nun auch bei Google Plus löschen solltest", verpuffen ins Leere. Solange die Nutzer nicht als mündige Verbraucher auftreten und mehr Rechte für ihre eigenen Daten fordern, werden sie auch nicht als solche von den Netzwerken wahrgenommen werden. Die Netzwerke können so unter dem Diktat werbegesteuerter Geschäftsmodelle darüber entscheiden, welche Informationen wir erhalten und welche nicht oder wie Wahlen entschieden und Regierungen manipuliert werden.

Die Marktwerte und der Aufstieg dieser Software-Industrie im Silicon Valley stellen einen fundamentalen ökonomischen Paradigmenwechsel dar. Die algorithmengesteuerte Computer- und Informationstechnik wird die Basis für alle anderen Wirtschafts- und Lebensbereiche sein, und es wird in den kommenden Jahren noch größere Sprünge im technologischen Fortschritt geben, wahrscheinlich mit exponentieller Geschwindigkeit. Sie werden das Gesundheitswesen von Grund auf reformieren. Eine neue, viel intelligentere Generation von Robotern wird die Fabrikproduktion in allen Industrien revolutionieren, die bisher noch zu einem großen Teil durch menschliche Arbeit bestimmt wird.

Die wirtschaftliche Macht in der Welt wird neu verteilt. Das Silicon Valley bildet hierfür die Ideenschmiede, das Innovationszentrum, das die besten Köpfe an sich zieht. Die Anwendung der Künstlichen Intelligenz im großen Maßstab wird aber nicht auf das biologische Leben der Menschen auf der Erde beschränkt bleiben, sondern sich ins Universum fortsetzen. Denn Google, Facebook, Microsoft, Apple,

Amazon und andere Internetkonzerne des Silicon Valley wollen mehr. Für sie muss die Forschung in der Robotik, dem Bio-Engineering und der Computerwissenschaft ungebremst weitergehen. Die Erde und das biologische Leben der Menschen darauf sind ihnen nicht mehr genug, sie sind ihnen zu klein geworden. Sie wollen aus den biologischen Menschen künstliche Wesen machen und schließlich ein künstliches Leben im Universum schaffen.

Kapitel 2
Künstliche Intelligenz

– oder: Der Versuch, Unsterblichkeit zu erlangen und das Universum zu besiedeln

Einige der bekanntesten Computer- und Robotikwissenschaftler wie Ray Kurzweil, seit Dezember 2012 Leiter der technischen Entwicklung bei Google, Hans-Peter Moravec, Gründer des Roboterunternehmens „Seegrid", Marvin Minsky, Robotikpionier und emeritierter Professor für Computer Science am Massachusetts Institute of Technology, Ralph Merkle, Nanotechnikwissenschaftler, der deutsche Jürgen Schmidhuber, Informatiker, Computerwissenschaftler und Leiter des Luganer Instituts für Künstliche Intelligenz, der seit 30 Jahren die Entwicklung künstlicher neuronaler Netze erforscht, und andere wissen genau, wie die neue künstliche Welt in Zukunft aussehen wird. Jedenfalls glauben sie es zu wissen. Diese Leute sind davon überzeugt, dass intelligente Maschinen noch in diesem Jahrhundert unsere Gesellschaft beherrschen werden, da ihre künstlichen Gehirne milliardenfach intelligenter sein werden als biologische Menschenhirne.[42] Ray Kurzweil prophezeit sogar, dass der „nicht intelligente Kosmos" durch eine einzige universelle Künstliche Intelligenz nach dem Ende dieses Jahrhunderts aufgewertet wird und künstliche Wesen dann in einer beinahe perfekten digitalisierten transhumanen Welt leben werden. Jürgen Schmidhuber prognostiziert, in wenigen Jahrzehnten werde ein einziger Supercomputer über die gesamte rohe Rechenkraft der ganzen Menschheit verfügen. Ich komme später darauf zurück.

Jaron Lanier betrachtet diese Zukunftsvisionen in *Gadget. Warum die Zukunft uns noch braucht* als „religiöse Fantasterei", als eine Art Heilslehre und Ersatzreligion. Viele der Computerwissenschaftler und Informatiker, die er durch seine Arbeit für Microsoft und als „Fellow at the International Computer Science Institute" an der University of California in Berkeley kennt, seien von einem „digitalen Utopismus" befangen, der zum Ziel hat, die gesamte Menschheit durch Künstliche Intelligenz zu verändern. Diese Techno-Wissenschaftler seien geradezu von einem messianischen Eifer angetrieben: Sie wollen eine bessere – und das heißt für sie künstliche – Welt schaffen.

Sind wir also auf dem Weg in eine posthumane Zivilisation? Nach Ray Kurzweils Prognosen in seinem Buch *Menschheit 2.0 – Die Singularität naht* werden intelligente, algorithmengesteuerte Roboter uns bereits um das Jahr 2045 beherrschen. Für Kurzweil kommt der Wissenschaft die Aufgabe zu, den biologischen Menschen gleichsam aufzulösen, dessen Intelligenz momentan noch in seinem Körper gefangen ist und davon befreit werden muss. Genau darum geht es in der Entwicklung Künstlicher Intelligenz und künstlichen Lebens. Für Kurzweil und Schmidhuber befinden wir uns gegenwärtig noch in der „Dualität", bei der „Menschheit 1.0", also in einer Zeit, in der die biologische Intelligenz des Menschen der Künstlichen Intelligenz der computerprogrammierten Roboter noch überlegen ist. Für die beiden KI-Forscher sind es zwei konkurrierende Intelligenzen, von denen eine bald gewinnen und als singulärer Sieger hervortreten wird.[43]

Die Künstliche Intelligenz, die die menschlich-biologische Intelligenz übertreffen wird, ist für beide Forscher „unausweichlich". Schon um 2030, so sind sie sicher, werden computerprogrammierte Roboter mit ihrer Künstlichen Intelligenz der biologischen Intelligenz der Menschen ebenbürtig sein. In ihren Prognosen gehen Kurzweil und Schmidhuber auch zurück auf einen legendären Urvater der Informatik und der Künstlichen Intelligenz. Gemeint ist John von Neumann. Schon Anfang der 1950er-Jahre behauptete der in den USA lebende ungarische Exilant, der sich immerzu beschleunigende technologische Fortschritt erzeuge die Vorstellung, dass sich die Geschichte der Menschheit „einer entscheidenden Singularität annähert", nach welcher das menschliche Leben, wie wir es kennen, nicht weitergehen könne. Von Neumann machte dabei zwei wichtige Beobachtungen aus: Beschleunigung und Singularität. Dahinter steckte für ihn erstens der Gedanke, dass der menschliche Fortschritt nicht linear (Wachstum durch wiederholte Addition einer Konstanten, also aus 1 wird 2, 3, 4, 5), sondern exponentiell verläuft (Wachstum durch wiederholtes Multiplizieren mit einer Konstanten, also aus 1 wird 2, wird 4, 8, 16). Dieser exponentielle technologische Fortschritt, so von Neumann, wird dazu führen, dass Künstliche Intelligenz sich zuerst auf die Konzeption von Robotern richten wird, die dann alle Eigenschaften der „lebendigen menschlichen Intelligenz besitzen". Danach werden wir in der Lage sein, Roboter herzustellen, die die Fähigkeit besitzen, sich „selbst zu erhalten, sich selbst zu reparieren, sich selbst zu entwickeln, sich schließlich selbst hervorzubringen". Am Ende, so prognostizierte von Neumann, werden intelligente Roboter ohne menschliches Zutun ihre nächste Generation, ihr „besseres Replikat" selbst entwickeln und damit die Singularität erreichen.[44]

Die amerikanische Weltraumbehörde NASA interessierte sich schon früh für von Neumanns Visionen. Ihr Ziel sind unter anderem bis heute Versuchslabore und Fabriken, die sich selbst reproduzieren, vergrößern, reparieren und weiterentwickeln können. Diese autonomen Labore und Allzweckfabriken sollen später auf anderen Weltraumplaneten installiert werden, von wo aus sie in der Lage wären, sich des Universums zu bemächtigen.

Ein anderer legendärer Urvater der Robotik und der Künstlichen Intelligenz, den Ray Kurzweil, Jürgen Schmidhuber und andere KI-Forscher gerne zitieren, ist der britische Mathematiker Alan Turing. Turing wurde im Zweiten Weltkrieg berühmt, weil er während des Luft- und Seekrieges gegen England den verschlüsselten Enigma-Code der deutschen Kriegsführung entschlüsselte und so maßgeblich an der Niederlage der deutschen Luft- und U-Bootwaffe beteiligt war. Turing, der selbst die ersten Roboter und Computer mit entwickelt hatte, behauptete lange vor Kurzweil und Schmidhuber, dass in nicht zu ferner Zukunft künstliche Computerintelligenz nicht mehr von der biologischen Intelligenz des Menschen unterschieden werden könne.

Turing entwickelte in den 1950er-Jahren einen Test zur Definition Künstlicher Intelligenz. Wenn bei einer verdeckten Konversation, so behauptete er, für einen Beobachter nicht unterscheidbar wäre, ob das Gespräch mit einer Maschine oder einem Menschen geführt wird, gelte der Test als bestanden. Für Turing reichte damals die Imitation von Intelligenz – wohl nicht zuletzt, weil damals wie heute die Frage ungeklärt ist, was Intelligenz eigentlich bedeutet. Wenn Computerintelligenz mit menschlich-biologischer Intelligenz den Gleichstand – „das Patt“ – erreicht habe, würden die „traditionellen Stärken menschlicher und künstlicher Intelligenz kombiniert“. Letztlich, so prognostizierte Turing, werde die künstliche der biologisch-menschlichen Intelligenz überlegen sein.[45]

Um beides zu beweisen, das Patt zwischen den beiden Intelligenzen *und* die darauf folgende Überlegenheit der Künstlichen Intelligenz, führten IBM-Programmierer den sogenannten „neuen Turing-Test“ ein. Er lief darauf hinaus, dass mit Software gefütterte Computer die menschliche Intelligenz besiegen, also den neuen Turing-Test bestehen mussten. Und das versuchte man bereits 1997 durch ein geradezu lächerliches Manöver zu beweisen, indem der IBM-Hochleistungscomputer „Deep Blue“ gegen den damaligen Schachweltmeister Garri Kasparow antrat. Deep Blue besiegte Kasparow. Das galt im Silicon Valley als erster großer Sieg der Künstlichen Intelligenz. Doch es war ein fauler Trick, weil Deep Blue mit seiner ungeheuren algorithmengesteuerten Rechenkraft pro Sekunde Abermillionen Stellungen und Züge im Voraus analysierte. Es waren programmierte Stellungen und Züge von Dutzenden von Schachgroßmeistern, die Kasparow zuvor bei Ausscheidungsspielen zu Weltmeisterschaften einzeln besiegt hatte. Aber gegen die Abermillionen gespeicherten Stellungen und Züge all dieser Großmeister sich zu behaupten, bedeutete für Kasparow so viel, wie simultan gegen Dutzende Großmeister zu spielen. Im Grunde hatte er keine Chance. Wäre Deep Blue nur mit Kasparows gesammelten Zügen und Stellungen gefüttert worden und mit den gespeicherten Zügen und Stellungen eines Großmeisters, hätte der Computer verloren. Mit dem Bestehen des Turing-Tests hatte dieses Manöver wenig zu tun.

In den Jahren 2009 bis 2011 wiederholte man solche Turing-Test-Manöver, um die Überlegenheit der Künstlichen Intelligenz gegenüber der menschlich-biologischen zu beweisen. Der IBM-Hochleistungscomputer „Watson“, gefüttert mit Zitaten aus Tausenden Büchern „hervorragender Schriftsteller, Dichter und Wissenschaftler“, trat im US-Fernsehen bei den „Jeopardy Quizshows“ gegen „hervorragend ausgebildete menschliche Champions“ ihrer Disziplinen an und besiegte sie. Im Gegensatz zu den menschlichen Hirnen dieser Fachleute hatte Watson Millionen Zitate gespeichert. Der US-amerikanische Informatiker und Computerwissenschaftler Douglas Hofstadter, Professor für Informatik an der Indiana University in Bloomington, Indiana, Sohn des Physik-Nobelpreisträgers Robert Hofstadter und Pulitzerpreisträger für seinen Bestseller *Gödel, Escher, Bach*, war bei einer der Jeopardy Quizshows zugegen. Er zeigte sich entrüstet über die Aussage anwesender Programmierer, die Watson entwickelt hatten, dass Watson über die menschlichen Hirne gesiegt habe. Für Hofstadter hatte Watson zwar viel mehr Zitate gespeichert als die Fachleute, aber er hatte sie „nicht lesen“ können, er hatte sie „nicht verstehen“ können. Genauso gut könnte man behaupten, so Hofstadter, „ein Fleischwolf esse Fleisch“. Die Menschen derart an der Nase herumzuführen sei unaufrichtig, denn weder könne Watson all die Bücher und Zitate wirklich bewusst lesen noch „kognitiv interpretieren“, er könne sie nur speichern.[46]

Douglas Hofstadter stellt nicht in Abrede, dass die Internetindustrie im Silicon Valley immer bessere Computer zu bauen vermag, die mit immer größerer Rechenkapazität immer mehr Daten speichern werden. Aber auch die Supercomputer werden die Daten nicht begreifen, nicht interpretieren können. Sie werden nicht denken können, denn die Konzepte, in denen wir denken, verdanken wir vor allem der Sprache. An der Sprache zeigt sich nach Hofstadter die „schöpferische Kraft des menschlichen Geistes“. Diese schöpferische Kraft, die aus dem „denkenden Bewusstsein, aus lebenslangen Erfahrungen und Erlebnissen und Analogienbildung“ des Menschen stammt, werden Computer niemals erreichen noch übertreffen können.[47]

Doch mit solchen Aussagen steht Hofstadter unter Computerwissenschaftlern und Informatikern ziemlich allein da. Viele der

KI-Forscher, zuvörderst die US-Amerikaner Ray Kurzweil, Hans-Peter Moravec, Ralph Merkle und Marvin Minsky, der Deutsche Jürgen Schmidhuber und schon vor ihnen der Bio-Informatiker Joseph Fletcher oder John D. Bernal, britischer Biologe und Pionier der Röntgen-Kristallografie, behaupten sehr wohl, dass Künstliche Intelligenz noch in diesem Jahrhundert Denken, Wissen, Interpretieren und sogar Emotionen und Sprache entwickeln kann. Wie es mit der algorithmengesteuerten Sprache aussieht, haben wir allerdings schon gesehen.

Der deutsche KI-Wissenschaftler Professor Jürgen Schmidhuber, Direktor am Luganer Dalle-Molle Forschungsinstitut für Künstliche Intelligenz, 1963 in München geboren, leistet mit seiner Forschungsgruppe Pionierarbeit beim sogenannten „Deep Learning". Gemeint ist eine Methode, bei der Computer bei der Wahrnehmung der Welt ähnlich vorgehen wie unser menschlich-biologisches Gehirn bei der Verarbeitung von Sinneseindrücken. Mit anderen Worten: Es sollen biologische neuronale Netze des Gehirns durch künstliche algorithmengesteuerte Netze nachgebildet und letztlich ersetzt werden. Bei der Deep-Learning-Methode versuchen KI-Wissenschaftler also, Computer Dinge tun zu lassen, ohne sie dahingehend zu programmieren.

Ein Beispiel für Deep Learning ist die Bilderkennung. Bereits vor 50 Jahren entdeckten Neurowissenschaftler bei Experimenten mit Affen, wie das Gehirn aus dem Licht, das durch die Pupille auf die Netzhaut fällt, das gesehene Bild erschafft. Unser Bild von der Welt entsteht also als Abfolge zahlreicher, von der Netzhaut bis in unterschiedliche Hirnregionen aufeinander aufbauender Verarbeitungsstufen. Bei jedem dieser Schritte bereiten Nervenzellen die eintreffenden Signale auf besondere Weise auf und leiten eine Zusammenfassung davon an die nächsthöhere Ebene weiter. Schritt für Schritt – oder Schicht für Schicht – reift so aus dem reinen physikalischen Reiz das gesehene Bild heran. Soweit die Neurowissenschaft. Dass bei jedem dieser Schritte in unserem neuronalen Netz auch Bewusstsein eine Rolle spielt – und welche Rolle dieses Bewusstsein spielt –, konnte mit diesen Ergebnissen bisher nicht geklärt werden.

Dieses Prinzip der biologischen neuronalen Netze in unseren Gehirnen nahmen die KI-Forscher am Luganer Institut für Künstliche Intelligenz schon vor Jahren auf, um die komplizierten neuronalen Phänomene rechnerisch zu erfassen. Seit einigen Jahren entwickeln Schmidhuber und seine Leute verstärkt Algorithmen, mit denen Computer, ähnlich wie das menschliche Hirn, die Wirklichkeit schrittweise analysieren sollen. Die rasant wachsende Rechenkraft, so hört man aus Lugano, ermöglicht es den Computern seit Neuestem, Bilder oder Texte beinahe in Echtzeit in viele solcher Schichten zu zerlegen. Zuerst, so die Luganer KI-Forscher, gelang nur die Berechnung von zwei oder drei Schichten, jetzt sind es mehr als zehn. Deep Learning ist also eine Methode, die Wirklichkeit algorithmisch in immer feinere Schichten oder Scheiben zu zerteilen. Erleichtert werde das durch die ungeheure Menge an Vergleichsdaten, die das Internet zur Verfügung stellt. Heute nutzen Internetkonzerne in Kalifornien – einschließlich Alphabet, Facebook, Apple – die Deep-Learning-Methode der Luganer. Schmidhuber ist im Silicon Valley hoch angesehen. Viele Algorithmen, mit denen Facebook oder Alphabet ihre Rechner schlauer machen, stammen aus Schmidhubers Kopf. Schmidhuber prognostiziert eine Revolutionierung der Menschheitsgeschichte. Alles, was gemeinhin mit Intelligenz assoziiert werde, so glaubt er, werde von künstlichen neuronalen Netzwerken erledigt werden. Und das stelle den alten Menschen „als Krone der Schöpfung" infrage.[48]

Der Luganer prophezeit also das Kommen einer wirklichen Künstlichen Intelligenz, die bald so klug sein wird wie die menschlich-biologische und danach mit steigender exponentieller Rechenleistung viele tausend Male intelligenter als die menschliche Intelligenz. Schmidhuber ist davon überzeugt, dass seine Kinder das noch erleben werden. Hier stimmt er mit dem amerikanischen Computerwissenschaftler Ray Kurzweil überein. Beider Prognosen gehen von einer stetig exponentiell wachsenden Rechenleistung aus, die auf die Entdeckung des Elektronikwissenschaftlers Gordon Moore im Jahr 1965 zurückgeht, wonach sich die Prozessorleistung der Mikrochips alle zwei Jahre verdoppelt.

Seit Jahren sind die Fortschritte in der Computerwissenschaft enorm gestiegen. Man arbeitet nicht mehr nach dem alten Ansatz, Computern Wissen einzuprogrammieren, sondern mit Methoden, die es Rechnern erlauben, aktiv zu lernen, sich des Gelernten zu erinnern und es in neuen Situationen anzuwenden. Man arbeitet auf künstliche, algorithmengesteuerte neuronale Netze hin, die unsere Gehirnfunktion nachvollziehen und die auch in Maschinen implantiert werden können. Aber können diese künstlichen Neuronen – Ray Kurzweil nennt sie Nanobots – den Maschinen tatsächlich die Wirklichkeit unseres Lebens, einige grundlegende Eigenschaften und Werte wie soziales Verhalten, Mitleid, Freude, Emotionen, Sinn für Gerechtigkeit, Sinn für Schönheit etc. beibringen?

Jürgen Schmidhuber ist da eindeutig. Er prophezeit, dass schon bald solche künstlichen neuronalen Netzwerke diese Werte und Eigenschaften des Menschen in den Maschinen, in die sie eingesetzt werden, hervorrufen werden. Unsere Zivilisation, so argumentiert er, „strebt unwissentlich seit jeher darauf zu, eine Künstliche Intelligenz zu bauen". Und wir könnten in unserer Lebenszeit noch erwarten, dass es „relativ kleine Maschinen geben wird, die so viel rechnen können wie alle Menschenhirne der Welt zusammen". Schmidhuber ist wie Ray Kurzweil davon überzeugt, dass alles im Universum mittels Software analysierbar ist. Maschinen werden auf dem Weg dorthin zu „Wissenschaftlern und Künstlern", forschen in den Tiefen des Weltalls nach Leben und noch nicht bekannten Naturgesetzen. Es werden sich posthumane „Superintelligenzien" entwickeln. Er warnt zwar, dass wir auch „ablehnenswerte Anwendungen" von Künstlicher Intelligenz sehen werden, aber die „lebensverbessernden Anwendungen" würden überwiegen.[49]

Schmidhubers berühmter Kollege, der Hohepriester der Künstlichen Intelligenz im Silicon Valley, technischer Direktor bei Alphabet, Ray Kurzweil, prophezeit ebenfalls mit Nachdruck, dass es zwischen künstlicher und menschlich-biologischer Intelligenz im „Jahr 2029" zu einer Patt-Situation kommen wird und dass wir um 2045 einer Zivilisation entgegengehen, in der die künstliche die biologische Intelligenz des Menschen weit überflügeln wird. Die „Singularität" naht, prognostiziert Kurzweil. Sie wird alle Bestandteile und Umstände des menschlichen Lebens verändern, von der „Sexualität bis hin zum Geistigen, zu unserem Denken". Und so schreibt er in seinem Monumentalwerk *Menschheit 2.0:* „Ich setze als Datum für die Singularität – die eine tief greifende und einschneidende Veränderung der menschlichen Möglichkeiten darstellt – das Jahr 2045. Die nicht-biologische Intelligenz, die in diesem Jahr geschaffen werden wird, wird eine Milliarde Mal leistungsfähiger sein als die gesamte menschliche Intelligenz heute".[50]

Bei der Singularität – der Kurzweil'schen jedenfalls – handelt es sich vor allem um einen bestimmten technologischen Fortschritt, nämlich die Nanotechnik, die mit exponentieller Geschwindigkeit tief greifende Auswirkungen auf das menschliche Leben haben wird, wodurch dieses „einen unwiderruflichen Wandel" erfährt. Dabei verfährt die angewandte Nanotechnik in der Robotik und der Künstlichen Intelligenz, so Kurzweil, nach „Gordon Moores Gesetz", welches wie gesehen besagt, dass die Leistungsfähigkeit von Computerchips sich alle zwei Jahre verdoppelt. Das bedeutet für Kurzweil, dass die Leistung von Mikroprozessoren nach vierzig Jahren um das Milliardenfache gesteigert werden kann.

Kurzweil wie auch Schmidhuber stießen nicht von ungefähr auf das Moore'sche Gesetz. Der US-amerikanische Informations- und Elektronikwissenschaftler Gordon Moore, Mitbegründer der Nanotechnik, agierte auch als führender Entwickler von Halbleiterchips und war Vorsitzender (CEO) des Internetkonzerns Intel. Schon 1965 stellte er fest, dass es alle 24 Monate gelang, doppelt so viele Transistoren auf einen Chip zu laden. Heute wird eine solche Verdopplung sogar jedes Jahr erreicht. Auch für andere Größen der Nano- und Informationstechnik beträgt die Verdopplungszeit aktuell etwa ein

Jahr. Diese Techniken unterliegen somit dem Gesetz des exponentiell steigenden Ertragszuwachses. Das bedeutet auch ein exponentielles Wachstum der Leistung von Elektronik aufgrund immer kleinerer, winzigerer Transistoren in Mikrochips. Die Nanotechnik ist das Ergebnis einer zunehmenden Miniaturisierung aller Arten von Technik. Kurzweils Nanobots – künstliche, winzige roboterhafte Neuronen in Molekularform – könnten so ins menschliche Gehirn implantiert oder in Maschinen eingesetzt werden.[51]

Nun weiß jedoch heute niemand, wie lange exponentielles Wachstum, exponentielle Geschwindigkeit, exponentielle Steigerung der Erträge etc. sich fortsetzen werden. Physiker sprechen davon, dass es bei der Exponentialität einen „Knick" geben, dass sich Exponentialität nicht ewig fortsetzen lassen werde. Es sei ein Fehler, so der Physiker Andreas Gebauer, exponentielle Trends ins Unendliche zu extrapolieren, würden doch irgendwann die Ressourcen des Wachstums unweigerlich aufgebraucht sein oder die Miniaturisierungen ihr Ende finden.[52]

Ungeachtet solcher Einwände ruft der Rausch des unterstellten ewig sich exponentiell beschleunigenden Technikwandels in einflussreichen Technologiekreisen im Silicon Valley und anderswo geradezu religiöse Ehrfurcht hervor. Viele der maßgeblichen KI-Forscher und ihre Mentoren und Vorväter behaupten, die durch Nanotechnik hervorgerufene Singularität werde die Grenzen unserer biologischen Körper und Gehirne überschreiten. Sie prognostizieren, dass schon Mitte dieses Jahrhunderts mit Künstlicher Intelligenz gespeicherte Computer das menschliche Denken und Wissen vollständig verstehen, milliardenfach erweitern und in kosmische Sphären führen werden.

Kurzweils Nanobots sind nur wenige Mikrometer (millionstel Meter) groß und agieren als künstliche rote Blutkörperchen im menschlichen Körper und als künstliche Neuronen im menschlichen Gehirn. „Milliarden von Nanobots in den Hirnkapillaren gespeichert", so Kurzweil, „werden die menschliche Intelligenz unendlich vergrößern und schließlich posthumane Wesen schaffen." Sein

Kollege Hans-Peter Moravec, Gründer der Seegrid Corporation für Robotik, nennt diese posthumanen Wesen in seinem Hauptwerk *Mind Children. The Future of Robot and Human Intelligence* „Kinder des Intellekts".[53]

Was für Gordon Moores Nanotechnik die Transistoren in den Mikrochips sind, das sind für Kurzweils Künstliche Intelligenz die Nanobots im menschlichen Hirn. Hier wurde die elektronische Nanotechnik einfach in die KI-Forschung übernommen. Während Gordon Moore davon ausging, dass durch Miniaturisierung die Transistoren in den Mikrochips immer winziger werden, werden für Kurzweil die im Molekularbereich gefertigten neuronalen Roboter, die künstlichen Neuronen (Nanobots), durch die Miniaturisierung immer winziger. Sobald sie im menschlichen Körper und Hirn Fuß gefasst haben, so Kurzweil weiter, werden sie nicht nur unzählige Aufgaben im Menschen übernehmen – zum Beispiel den Alterungsprozess aufhalten –, sondern letztendlich ein neues, körperloses, im „Universum schwebendes Wesen" kreieren. Sind die biologischen Abläufe durch Nanotechnik erst einmal vollständig erforscht, wird die „Natur mit unseren technischen Errungenschaften nicht mehr mithalten können". Die Revolution der Nanotechnik wird es der Künstlichen Intelligenz ermöglichen, „unsere Körper, Gehirne und unsere Umwelt Molekül für Molekül umzugestalten und völlig neu zu erfinden".[54]

In den 2030ern, so prophezeit Kurzweil, werden wir Herz, Lunge, rote und weiße Blutkörperchen, Bauchspeicheldrüse, die Schilddrüse und andere Hormonproduzenten, Nieren, Blase, Leber, die untere Speiseröhre, Magen, Dünndarm und Dickdarm durch roboterhafte künstliche Nanobots ersetzen und damit Krankheiten ausgemerzt haben. Eines Tages, so Kurzweil, werden wir auch unser „Skelett und unsere Haut in einem graduellen Prozess ersetzen können. Mund und obere Speiseröhre und die verbleibenden Teile des Verdauungssystems werden zumindest bis 2045 bleiben, um den Akt des Essens erfahren zu können. Darüber hinaus werden sie nicht mehr benötigt."[55]

Hans-Peter Moravec ist sich sicher, dass die Techno-Wissenschaft um 2050 aus dem Menschen ein künstliches virtuelles Wesen schaffen wird, das man auf Computer herunterlädt und dem man so ewiges Leben verleihen kann. Dieses virtuelle Wesen nennt man in Technokreisen des Silicon Valley den „Zwilling".[56] Man spricht auch von einer „Neugestaltung" des Menschen durch künstliche Neuronenimplantate. Nach der Mitte des Jahrhunderts wird also der „alte Mensch" durch Künstliche Intelligenz neu gestaltet und winzige molekulare neuronale Roboter steuern das posthumane Wesen.[57]

Wir schreiben das Jahr 2018. Noch befinden wir uns für die Schmidhubers, Kurzweils und Moravecs in der frühen Übergangsphase zur Künstlichen Intelligenz. Müssen wir uns auf die Singularität vorbereiten? Können wir etwas dagegen unternehmen, dass wir nach den Vorstellungen führender KI-Forscher als Herrscher der Erde von den mit Nanobots implantierten Wesen abgelöst werden? Vielleicht könnten wir mit den posthumanen Wesen in Symbiose leben, als Mensch-Maschinen mit Maschinen-Menschen? Oder ist die ganze Singularität, die Deep-Learning-Methode, der Zwilling, bloß „Science-Fiction", wie es der US-amerikanische Linguist und Kognitionsforscher Noam Chomsky in einem Interview mit dem Wissenschaftsjournalisten Nikola Danaylov behauptet hat?[58]

Der auf uns zukommende Paradigmenwechsel, also die Geschwindigkeit, in der die KI-Forschung grundlegende technologische Herangehensweisen verändern will, und der exponentielle Kapazitätszuwachs der Informatik, wird, so KI-Forscher im Silicon Valley und anderswo, 2029/2030 den Turing-Test bestehen und um 2045 die Singularität erreichen, das heißt die Überlegenheit der künstlichen über die biologische Intelligenz des Menschen. Danach komme es zur „Explosion": Im zweiten Teil des 21. Jahrhunderts werde sich die Künstliche Intelligenz gar so rasant weiterentwickeln, dass die „Wachstumskurve praktisch senkrecht nach oben", also ewig ansteigt.[59] Wir sahen allerdings bereits, dass Physiker diese immerzu senkrecht nach oben ansteigende

Wachstumskurve der Künstlichen Intelligenz bestreiten. Sie sprechen auch von einer „Glockenkurve", bei der das KI-Wachstum am oberen Punkt der Glocke seinen Höhepunkt erreicht und danach abfällt.

Doch worauf basieren die modernen KI-Prognosen aus dem Silicon Valley und aus Lugano? Seit Alan Turings Rechenmaschine und John von Neumanns Prophezeiung aus den 1950er-Jahren, dass sich computergesteuerte Roboter selbst reparieren und entwickeln können und schließlich das menschliche Gehirn nachahmen und dessen Intelligenz überschreiten; seit der zeitgleichen Entdeckung der DNA-Strukturen, in der Wissenschaftler die Sprache sehen wollten, in der Gott das Leben geschaffen hat und die man nun entschlüsseln zu können glaubte; seit ein anderer Pionier der Künstlichen Intelligenz, Marvin Minsky, 1928 geboren, Anfang der 1950er-Jahre den sogenannten „Reinforcement Computer" herstellte, geistert in den Köpfen heutiger Computerwissenschaftler, Bio-Informatiker und Robotikwissenschaftler die Vorstellung herum, dass Künstliche Intelligenz der biologischen Intelligenz des Menschen tatsächlich überlegen sein wird, dass algorithmengesteuerte und mit Datenmengen programmierte selbstlernende Maschinen denken, sprechen, verstehen, zweifeln, handeln, Pläne schmieden, ja auch Emotionen und Sprache entwickeln könnten.

Marvin Minsky, emeritierter Professor für Computerwissenschaften und Robotik am Massachusetts Institute of Technology (MIT), Präsident der American Association for Artificial Intelligence, Mitglied im Board of Governors der National Space Society, Träger vieler Preise und Auszeichnungen, Mentor von Jaron Lanier und Ray Kurzweil, arbeitete ebenfalls an vorderster Stelle der US-Weltraumforschung. Schon 1951 entwickelte er als jugendlicher Forscher mit anderen Programmierern und Mathematikern an der Princeton University in New Jersey den „Neural-Analog Reinforcement Computer", der eine Lernmaschine darstellte, die schließlich die gesamten synaptischen Erlernfunktionen des menschlichen Gehirns nachahmen sollte. Dabei gingen die jungen Wissenschaftler davon aus, dass der „menschliche Geist“ gleichzusetzen wäre mit menschlicher Intelligenz, deren Potenzial wiederum in der „Gehirnmasse“ läge. Eine wesentliche Aufgabe der Wissenschaft wäre es dann, in Zukunft Maschinen mit nicht biologischer Intelligenz herzustellen, die der biologischen Intelligenz des Menschen gleichwertig und in späterer Zukunft überlegen sein sollten. In seinen berühmten Essays *Thoughts about Artificial Intelligence* (1961) und *Matter, Mind and Models* (1963) behauptete Minsky, dass die Wissenschaft Maschinen herstellen werde, die „selbstbewusst und selbstbestimmt“ handeln könnten, also Bewusstsein entwickeln würden.[60]

Wesentliche Forschungen zur Entwicklung solcher KI-Maschinen führten schon seit 1956 das MIT und die kalifornische RAND-Corporation, ein Thinktank des Pentagons, durch. Die DARPA (Defense Advanced Research Projects Agency), also das Pentagon, finanzierte diese Entwicklungen und die Konferenzen der damaligen KI-Forscher. Milliardenschwere Forschungsprogramme des Pentagons waren so für die Entwicklung Künstlicher Intelligenz maßgeblich. Auch die Erfindung und Konstruktion des Internets finanzierte und koordinierte ursprünglich die DARPA. Oder anders ausgedrückt: Die Ursprünge der KI-Forschung gehen auf das US-Militär zurück. Eine Technologie, die vom Militär entwickelt worden war, sickerte dann mit zunehmender Leistungsfähigkeit der Computer in die Wirtschaft und Gesellschaft ein. Daher kommt es auch, dass wir es heute mit einer globalen Überwachung durch Geheimdienste (NSA) und Internetkonzerne (Google, Apple, Facebook) gleichermaßen zu tun haben. Nach dem 11. September 2001 entwickelte die NSA auf KI basierende Überwachungstechnologien, die sogar alliierte Regierungen ausspionierten, unter anderem das Handy der deutschen Bundeskanzlerin Merkel. Die totale globale Überwachung durch die NSA war ohne Künstliche Intelligenz nicht möglich – ohne sie würde der US-Geheimdienst in den Daten ersticken.

Doch zurück zu den Ursprüngen der DARPA-Konferenzen. Die berühmteste fand 1956 im Dartmouth College statt. Auf ihr schlugen – unter Führung von Marvin Minsky – die KI-Wissenschaftler vor, ihre Forschung auf der These aufzubauen, dass alle Aspekte des Lernens und der Intelligenz prinzipiell von Maschinen übernommen werden könnten. Auf dieser Konferenz und in seinen bereits genannten Essays erkennen wir Minskys Verachtung für die menschliche Hirnmasse, die er als „Fleischmaschine" („meat machine") abtut, aber auch seinen Ekel vor dem menschlichen Körper, diesen „blutigen Dreck" („bloody mess"). Nach Minskys Vorstellungen ist jedoch eine „Loslösung" der Intelligenz von der Fleischmaschine und dem blutigen Dreck in Zukunft möglich. Nur wenn sich die Intelligenz von beiden befreie, könne sie später in „höchste Sphären" aufsteigen. Er nennt das die „Verfeinerung des Denkens". Geist, Denken und Intelligenz scheint Minsky gleichzusetzen. Auch sieht er keinen Unterschied zwischen dem menschlichen Denken und den zukünftigen Datenverarbeitungsmaschinen. Das menschliche Gehirn, so behauptet er, ist selbst eine Maschine. Die Forschung wird in Zukunft fähig sein, Künstliche Intelligenz herzustellen, die eines Tages in der Lage sein wird, „künstliche Wissenschaftler, Künstler und Komponisten" zu produzieren.[61]

Marvin Minsky war trotz dieser Thesen vom Denken Descartes' beeinflusst, zwar nicht von dessen Gottesbeweis, aber von dessen Idee, dass die Seele im Körper des Menschen gefangen sei. René Descartes (1596–1650) gründete seine Philosophie auf seinen berühmten Satz „Ich denke, also bin ich" („Cogito, ergo sum") als der „einzigen unbestreitbaren Wahrheit". In seinem Hauptwerk *Principia philosophiae* spricht er vom „Gefängnis des Leibes", in dem die Seele gefangen sei. Sie müsse sich vom Körper befreien, um „körperlos zu denken". „Alles, was ich deutlich erkenne", so schreibt er, „ist das, was ich denke und deshalb bin, und das ist gewiss". Solche Gewissheiten nennt Descartes auch Ideen. Sie sind entweder ursprünglich angeboren oder sie sind „offenbar eingeprägt durch die in uns vorhandene Idee Gottes". Das Vorhandensein der Idee Gottes beweist für Descartes das Dasein Gottes. Gott ist die „unendliche Substanz". Ihm stehen die beiden „geschaffenen Substanzen, die denkende und die körperliche gegenüber". Er trennt also Seele und Körper strikt, deren Vereinigung er rein mechanisch denkt, gewissermaßen den Leib als eine fertige Maschine, in die die denkende Seele eintritt und daher auch wieder austreten kann. Das Verhältnis von Seele und Körper, so Descartes, „muss so bestimmt werden, dass es verständlich wird, wieso ich, das wissende, denkende Bewusstsein, von einer Welt außerhalb des Bewusstseins etwas wissen kann [...], dass ich zur Erkenntnis einer Welt außerhalb des Bewusstseins gelange".[62]

Für Descartes und Minsky sind Denken, das Bewusstsein, die Seele, der Geist, das *Ich* eine einzige Substanz. Selbst Wahrnehmen, Fühlen, Wollen, Emotionen sind im kartesianischen Sprachgebrauch eins. So auch bei Minsky. Bewusstsein – das denkende Ich – und der Körper erweisen sich bei beiden als wesensverschieden, als zwei nicht aufeinander zurückführbare Substanzen.

In den 1980er-Jahren begann Minsky mit jüngeren Kollegen – unter anderen Jaron Lanier – eine Theorie zu entwickeln, die er „The Society of Mind" nannte. Diese Theorie besagt, dass menschliche Intelligenz nicht das Produkt irgendeines einzelnen Mechanismus ist, sondern durch die zusammengefügte Interaktion diverser Mechanismen (Neuronen) entsteht. Er nennt diese Mechanismen „rule based selectors", die im Gehirn, das selbst eine Maschine sei, die Entscheidungen treffen. Minsky veröffentlichte diese Theorie später in einem Buch, das er ebenfalls *The Society of Mind* nannte. Im Jahr 2006 kam sein Alterswerk *The Emotion Machine* heraus, eine Erweiterung seiner Auffassungen aus *The Society of Mind* und den oben genannten Essays. Darin beschreibt er, dass zu den „rule based selectors" der „Maschine Gehirn" auch neuronale Emotionen gehörten und Emotionen wie Verstehen, Intelligenz „nichts Weiteres sind als unterschiedliche Wege des Denkens". Denken selbst sei ein maschineller Vorgang. Auf jeden Fall müsse der Unterschied zwischen Emotionen und anderen Formen des Denkens aufgehoben werden.[63]

In einer Rezension zu *Emotion Machine* merkte der US-amerikanische Gehirnforscher Richard Restak in der *Washington Post* an, Minsky beschreibe seine emotionale Denkmaschine und seine Gehirn-Selektoren zwar in klarer Sprache, könne aber keinesfalls erklären, wie eigentlich Denken entstehe, was im Gehirn vor sich gehe und wie Bewusstsein in die Materie komme („But he is less effective in relating these emotional functions to what is going on in the brain and he cannot explain how consciousness gets into matter").[64]

Marvin Minskys Kollege, der austrokanadische Computer-und Robotikwissenschaftler Hans-Peter Moravec, 1948 in Kautzen, Österreich, geboren, gilt seit Ende der 1970er-Jahre als Vorreiter der modernen Roboterentwicklung. Seine zahlreichen Veröffentlichungen befassen sich mit einer Künstlichen Intelligenz, die zum Transhumanismus führt. Moravec promovierte 1980 an der Stanford University in Kalifornien mit der Entwicklung eines ferngesteuerten, mit einer Fernsehkamera ausgerüsteten Roboters, der durch einen algorithmengefütterten Computer gesteuert wurde. Danach arbeitete er als Professor an der Carnegie Mellon University in Pittsburgh, Pennsylvania, und inaugurierte dort die Robotikwissenschaft. Im Jahr 2003 gründete er die „Seegrid Corporation", ein Roboterunternehmen, das sich die Entwicklung von „autonomen Robotern" zum Ziel gesetzt hat, sprich von computergesteuerten Robotern, die zukünftig selbst in der Lage sein werden, Roboter herzustellen. Ebenso entwirft Moravec heute hoch entwickelte Roboter für die NASA. Er ist außerdem technischer Berater bei mehreren Internetfirmen des Silicon Valley.

Zu seinen wesentlichen wissenschaftlichen Arbeiten gehört vor allem *Mind Children. The Future of Robot and Human Intelligence*. In diesem Werk, 1988 veröffentlicht, wird die Entwicklung vom Roboter zu einer intelligenten Spezies aufgrund des Moore'schen Gesetzes der exponentiellen Leistungsfähigkeit für die Jahre 2035 bis 2045 vorhergesagt. In *Robot: Mere Machine to Transcendent Mind* von 1998 erwägt Moravec das „vorweggenommene Wissen", dass es möglich sei, den „menschlichen Geist zu transplantieren", indem man die Neuronenbündel des Gehirns an die Kabel eines Computers anschließe, der dann in der Lage sein werde, das menschliche Denken von seiner „Fessel an den sterblichen Körper loszulösen", es in einem Computer zu speichern, zu kopieren und „nach Belieben ins Leben zurückzurufen".[65] Das ist dann für Moravec die Vollendung des Menschen in einem virtuellen Wesen, in einer Denkmaschine, die vom menschlichen Körper befreit ist. Es ist ein virtuelles Wesen, dessen Intelligenz der menschlich-biologischen Intelligenz haushoch überlegen sein wird. Es ist der künstliche Zwilling des biologischen Menschen. Moravecs technologische Vision lautet in *Robot: Mere Machine to Transcendent Mind* detailliert wie folgt:

„Ich sehe diese Maschinen als unsere Nachkommen an. Im Augenblick glaubt man das kaum [...]. Aber mit der Zeit werden wir das große Potenzial erkennen, das in ihnen steckt. Und wir werden unsere neuen Roboterkinder gernhaben, denn sie werden angenehmer sein als Menschen. Man muss ja nicht all die negativen menschlichen Eigenschaften, die es seit der Steinzeit gibt, in diese Maschinen einbauen. Damals waren diese Eigenschaften für den Menschen wichtig. Aggressionen etwa brauchte er, um zu überleben. Heute, in unseren großen zivilisierten Gesellschaften machen diese Instinkte keinen Sinn mehr. Diese Dinge kann man einfach weglassen – genauso wie den Wesenszug der Menschen, dass sie ihr Leben auf Kosten anderer sichern wollen. Ein Roboter hat das alles nicht. Er ist ein reines Geschöpf unserer Kultur, unseres Wissens, und sein Erfolg hängt davon ab, wie dieses Wissen, diese Kultur sich weiterentwickelt. Er wird sich also sehr viel besser eingliedern, als viele Menschen das tun. Wir werden sie also mögen, und wir werden uns mit ihnen identifizieren. Wir werden sie als Kinder annehmen – als Kinder, die nicht durch unsere Gene geprägt sind, sondern die wir mit unserem Geist gebaut haben."[66]

Aber was, wenn aus diesen Roboterkindern, aus diesen „Mind Children" erwachsene Roboter werden, so wie es Moravec selbst prognostiziert, also Roboter, die sich schließlich selbst reparieren, selbst weiterentwickeln und sich letztendlich selbst produzieren? Sie könnten sich dann gegen den biologischen Menschen wenden, ein Haustier oder einen Diener aus ihm machen oder ihn gleich ganz abschaffen, weil er unbrauchbar geworden ist. Vielleicht könnten wir eine ungefähre Gleichgewichtigkeit zwischen Moravecs algorithmengesteuerten, autonomen Robotern und den mit künstlichen Neuronen teilweise aufgewerteten Menschen, sogenannten Cyborgs, herstellen? Der KI-Forscher gibt darauf keine Antwort.

Moravecs Behauptung, dass das Gehirn den menschlichen Geist, das Denken, das Bewusstsein vollkommen in der Form eines Programms enthält, das wie Software übertragen und kopiert werden kann, findet sich schon bei John D. Bernal, dem britischen Biologen und Pionier der Röntgen-Kristallografie, die maßgeblich zum Verstehen der Molekularstruktur der DNA, also zum Verständnis des Entstehens von Leben, beitrug. Bernals Theorien über die „rationale Seele" und den „neuen Menschen" haben in den 1990er-Jahren die Computer- und Robotikwissenschaftler im Silicon Valley stark beeinflusst. In seinem Hauptwerk *The World, the Flesh and the Devil: An Inquiry into the Future of the Three Enemies of the Rational Soul* schreibt Bernal, dass für ihn, was den Menschen anbelangt, „nur das Gehirn zählt". Das Gehirn ist für ihn die rationale Seele, und diese wird – worauf in Zukunft alle wesentliche Forschung abziele – auch abgekoppelt vom Körper funktionieren und einen neuen Menschen schaffen. Sie wird als programmierte Maschine virtuell existieren, und zwar als „letztes Stadium der Evolution".[67]

Bernal sieht die Natur, den menschlichen Körper, die Wünsche und Triebe der Menschen als Feinde der rationalen Seele an. Die Forschung strebe grundsätzlich danach, ein Leben, eine Umwelt, in denen sich wahllos schicksalhafte Chancen bieten, durch eine zielgerichtete künstliche Umgebung zu substituieren, die Ungerechtigkeiten abschafft und durch die es immer weniger notwendig sein wird, mit der Natur, so wie sie ist, zu leben. Wir werden „friedliche, aggressionslose neue Wesen" schaffen, so Bernal, und damit „die

Hässlichkeit in der Welt eliminieren". In seiner schönen neuen Welt, schlussfolgert Bernal, wird dieser neue „transformierte Mensch, die rationale Seele abgekoppelt vom Körper, im letzten Stadium der Evolution das Universum kontrollieren". Diese Theorie nahmen später auch Ray Kurzweil und Jürgen Schmidhuber auf. Bernal sah schon in den 1980er-Jahren allerdings auch voraus, dass natürlich nicht alle Menschen die Kontrolle über das Universum ausüben könnten. Dazu bedürfe es einer „Elite" von Wissenschaftlern und Funktionären, also von transformierten Wesen, deren „computerisiertes Wissen" die Fähigkeiten der (noch) nicht transformierten Menschen weit übersteigen werde. Die Transformierten würden „virtuell unsterblich" sein, rein theoretische Geister, die ihren biologischen Körper weit hinter sich gelassen haben, aber sich mit einem „mechanisierten Körper" ausstatten werden.[68]

Von der Evolution her gesehen ist also für Minsky, Moravec und Bernal der biologische Mensch in eine Sackgasse geraten. Der mit Künstlicher Intelligenz ausgestattete steht für sie viel eher in der Tradition einer sich immer weiter und schneller entwickelnden exponentiellen Fortsetzung der Evolution.

Die Idee, dass der menschliche Geist – das Denken, die Intelligenz, der Intellekt, Emotionen, das Bewusstsein – auf Computer übertragen und gespeichert werden kann und schließlich als virtuelles Wesen ewig im Weltraum leben wird, sehen heute viele Computerwissenschaftler und Informatiker als „unausweichliches" Forschungsprojekt an. Der reine Geist werde sich vom veralteten biologischen Körper loslösen, werde ihn abstreifen, wie eine Schlange sich von ihrer alten Haut befreit. Moravec definiert den vom Körper befreiten Geist als eine „programmierte Denkmaschine", die einen viel größeren Informationsfluss schneller und zuverlässiger als der im Körper gefangene biologische Geist einordnen, koordinieren, memorieren und verarbeiten kann. Sogar die Prognose- und Interpretationsfähigkeit dieser programmierten Denkmaschine wird, so Moravec, dem menschlichen Denken weit überlegen sein.[69] Bei all ihrer Überzeugtheit müssen sich Marvin Minsky, Hans-Peter Moravec und John D. Bernal allerdings doch eines fragen lassen: Wenn die Intelligenz, das Denken, das Bewusstsein wie eine programmierte, überlegene Denkmaschine funktioniert, wer hat dann das Programm dieser Denkmaschine geschrieben?

Die in digitaler Sprache umgeschriebene Intelligenz, Bernals rationale Seele, wird also von ihrem Körper und ihrer Endlichkeit befreit und nach Moravec als molekulares virtuelles Wesen schließlich in den Cyberspace aufsteigen und das Universum kolonisieren und beherrschen. Es wird schon vor diesem Aufstieg ein mit Künstlicher Intelligenz ausgestattetes Wesen ohne Begehren, ohne Triebe, ohne Hass, ohne Aggression sein. Mit anderen Worten: eine virtuelle Intelligenz ohne Gefühle, ohne Begehren, ohne Zeitlichkeit, ohne Ziel, reine ziellose Potenz. Kann eine solche Intelligenz existieren? Moravec beantwortet diese Frage in seinem Werk *Mind Children* mit einem eindeutigen Ja. Er stellt sich diese Intelligenz wie eine Art „kosmische Strahlung" vor, die sich ewig im Universum ausdehnt, das Leblose in Geist umwandelt und in der Lage sein wird, das ganze Universum in reine Denkentitäten zu verwandeln.[70]

Es scheint, als hätten Minsky, Moravec, Bernal und Schmidhuber nichts dringlicher als den Wunsch, die Natur, das biologische Leben und die Menschengattung als solche abzuschaffen. Vielleicht wollen sie auch neue Religionsgründer sein, wollen die Schöpfung nachvollziehen, wollen selbst Schöpfer sein. Jedenfalls scheint ihnen das menschlich-biologische Leben nicht zu genügen.

Aber bevor diese schöne neue Welt im Universum entsteht, müssen, wie Joseph Fletcher, Professor an der Harvard University und Spezialist für biomedizinische Ethik und Bio-Informatik, überzeugt ist, erst noch einige Dinge auf der Erde verändert werden. In seinem Hauptwerk *The Ethics of Genetic Control: Ending Reproductive Roulette* erkennen wir die Bemühung der Wissenschaft, den biologischen weiblichen Uterus durch einen künstlichen zu ersetzen. Das Ganze nennt man „Exogenese", was nichts anderes als die technisch-wissenschaftliche Rationalisierung der biologisch-menschlichen Reproduktion bedeutet. Professor Fletcher, der nach eigener Aussage die Meinung vieler Embryologen, Placentologen und Fötologen wiedergibt, sieht es als eine Tatsache an, dass der Uterus „ein dunkler und gefährlicher Platz ist" („a dark and dangerous place"), ein Platz voller Gefahren und Zufälle. Es sollte unser Ziel als Wissenschaftler sein, dass sich zukünftige Geburten-Generationen an einem Ort befinden, wo wir sie „so gut wie möglich kontrollieren und beschützen können". Fletcher nennt die unter solchen Umständen Geborenen „optimierte Kinder". Das bedeutet: Geburt des Menschen im Reagenzglas, In-vitro-Fertilisation, „künstliche durchsichtige Gebärmutter". Die gesamte Fortpflanzung des Menschen wird dann zu einer Angelegenheit von Spezialisten.[71]

Die Aufgabe der Wissenschaft ist es demnach also, dabei zu helfen, Zufälle, Schicksale, Gebrechen zu vermeiden. Des Menschen Kinder werden eines Tages „optimal geboren" werden: mit gerader Nase, perfekter Symmetrie des Gesichts, beeindruckenden Augen, wunderschöner Gestalt und ohne Krankheiten. Die Wissenschaft wird ihr Leben enorm verlängern und Leiden weitgehend vermeiden können. Bio-Engineering und Bio-Informatik sollen die Fortpflanzung rationalisieren und denaturalisieren und damit, so Fletcher, den „Frauen die Macht nehmen", die die Schwangerschaft ihnen über ihre Kinder verleiht. Die Abschaffung der Schwangerschaft wird nach Fletcher erreicht sein, wenn man das Klonen des Menschen vollkommen verwirklichen kann und die Exogenese, also die Schaffung des Menschen außerhalb des menschlichen Körpers, für die Reimplantation als vorteilhaften Ersatz begreift. Geplante Exogenese, geplante Klonung, die Einsetzung künstlicher Organe und damit die Ausschaltung von Krankheiten gekoppelt mit Künstlicher Intelligenz ersetzen den natürlichen, biologischen Menschen. Danach ist alles möglich – so, wie die Gentechnologie schon heute natürliche Arten durch künstliche substituiert.[72] Soweit Fletcher in den 1980er- und 90er-Jahren. Deshalb spricht man im Silicon Valley auch von der Zwillingsrevolution in der Informationstechnologie und der Biotechnologie.

Wie die neuen KI-Arten sich nach der Optimierung und Singularität verhalten werden, hat am ausführlichsten wohl der Computerwissenschaftler, Informatiker, Miterfinder der Singularität und seit 2012 Chefingenieur bei Google, Ray Kurzweil, dargestellt. Kurzweil, geboren am 12. Februar 1948, ist der Sohn einer jüdischen Familie aus dem New Yorker Stadtteil Queens, die 1939 kurz vor Beginn des Zweiten Weltkriegs Österreich verließ. Er studierte Physik und Informatik am Massachusetts Institute of Technology und schloss sein Studium 1970 ab. Danach arbeitete er als Informatiker für mehrere Universitäten und Internetfirmen, gründete 1983 die Firma „Kurzweil Music Systems“ und war ebenfalls Mitbegründer anderer Unternehmen, die mit Informatik und Robotik zu tun haben.

Die Idee, eine Firma für elektronische Musikinstrumente zu gründen, entstand aus der Freundschaft zu dem blinden Musiker Stevie Wonder. Wonder hatte schon 1976 von einer Erfindung Kurzweils, der „Kurzweil Reading Machine“, gehört und den Erschaffer kontaktiert. Das Gerät ermöglichte Sehbehinderten erstmals den Zugang zu normalen Drucktexten, indem es die Wörter in akustische Signale umwandelte, also vorlas. Kurzweils Reading Machine gilt bis heute als wesentlicher Meilenstein zur gesellschaftlichen Integration Blinder.

Im Jahr 2002 schloss Ray Kurzweil den berühmten „Long Bet One“, eine Wette über 20.000 US-Dollar ab, dass spätestens im Jahr 2029/2030 ein Computer bzw. eine „maschinelle Intelligenz“ den Turing-Test bestehen, also eine nicht biologische Intelligenz mit der biologischen Intelligenz des Menschen gleichziehen würde. In der Zwischenzeit hatte Kurzweil für die Erfindung seiner Reading Machine den „Grace Hopper Award“ der Association for Computing Machinery gewonnen; das Preisgeld betrug 35.000 US-Dollar. 1994 erhielt er den „Dickson Prize in Science“ der Carnegie Mellon University, der mit 50.000 Dollar dotiert war. 2001 gewann er den „Lemelson MIT Prize" für Computerwissenschaft, der sich auf 500.000 US-Dollar belief. Ebenfalls 2002 wurde Kurzweil als „Erfinder, Futurist und Computergenius" in die National Inventors Hall of Fame aufgenommen und erhielt von Präsident Bill Clinton die National Medal of Technology, die höchste Technologie-Auszeichnung der USA. Überdies bekam Ray Kurzweil von 19 Universitäten den Ehrendoktortitel. Bill Gates bezeichnet ihn als den „führenden Experten im Bereich der Künstlichen Intelligenz".

Im Jahr 2005 veröffentlichte Kurzweil sein Hauptwerk *The Singularity Is Near. When Humans Transcend Biology* (deutsche Übersetzung 2013: *Menschheit 2.0 – Die Singularität naht*). Danach gründete er in Mountain View, Silicon Valley, die „Singularity University", in der er und „hervorragende Kollegen seines Faches" ihre KI-Prognosen verbreiten, unter anderem die Prognose, dass „im Jahre 2045 todsicher die Singularität eintreten wird", also die Menschheit 2.0 bzw. deren von künstlichen Neuronen (molekularen Nanobots) getragene Künstliche Intelligenz die biologische Intelligenz des Menschen milliardenfach übertreffen wird.[73]

Für Kurzweil gehen wir nach dem Erreichen der Singularität einer transhumanen Zivilisation im Universum entgegen, der Menschheit 3.0. Sein Ziel ist das ewige virtuelle Leben, die endgültige Loslösung vom biologischen Leben. Der biologische Mensch mit all seinen Fehlern, Trieben, Krankheiten und Begehrlichkeiten ist für Kurzweil eine Antiquiertheit. Es gilt, die Natur und die biologische Menschengattung abzuschaffen und eine künstliche Superzivilisation im Weltall zu gründen. Das schwebte auch Hans-Peter Moravec und John D. Bernal vor.

Kurzweil sieht voraus, dass es durch die Implantation von Milliarden künstlicher Neuronen gelingen wird, zuerst die Gehirne einer Techno-Elite unendlich aufzuwerten, wodurch diese die Menschen zu lenken und zu kontrollieren vermag. Später würden dann die von ihr konstruierten algorithmisch gesteuerten, nanotechnisch getriebenen Denkmaschinen – Nanobotwesen – als Erste ihr virtuelles Leben im Cyberspace verwirklichen können. Aber es gebe auch Hoffnung für einen Teil der Menschheit. Denn ihm werde die Chance geboten, nach und nach zu den mit erheblich größerer Künstlicher Intelligenz ausgestatteten Techno-Eliten und den Nanobotwesen aufzuschließen, indem er sich unter der Kontrolle der Techno-Elite durch wachsende Mengen künstlicher Neuronen aufwerte und damit zu Cyborgs (Menschmaschinen) werde. Ob die Cyborgs auch die Möglichkeit haben werden, später als virtuelle Wesen ins Universum aufzusteigen, lässt Kurzweil im Ungewissen.

Detailversessen erklärt Kurzweil in *Menschheit 2.0* wieder und wieder die Implantation von Milliarden künstlicher Neuronen im menschlichen Hirn. Diese winzigen neuronalen Nanobots werden sich direkt ins biologische Nervensystem einklinken, um die menschlichen Sinne zu erweitern und dann eine virtuelle Realität zu schaffen. Sobald die Milliarden künstlicher Neuronen im menschlichen Hirn Fuß gefasst haben – was sich bereits während der Singularität abzeichnen soll –, wird die nicht biologische Hirnleistung exponentiell wachsen, und zwar bis ins Unendliche.[74]

„Intelligente Nanonebel", das heißt Schwärme von neuronalen Nanobots, so Kurzweil weiter, können sich dann zu jeder beliebigen physikalischen Struktur verdichten und die „reale Realität" genauso wandlungsfähig machen wie die virtuelle. Sie werden schließlich „die Wandlungsfähigkeit der virtuellen Welt real machen". Nanobot-Denkmaschinen werden für Kurzweil gar „Körper" haben, nämlich virtuelle Körper in einer virtuellen Realität oder deren physische Projektionen durch Nanonebel, durch die sie mit der Welt interagieren. Diese nanogefertigten Körper werden seiner Überzeugung nach viel leistungsfähiger und robuster sein als der menschliche Leib. Ebenso glaubt er, dass seine virtuellen Denkmaschinen denken und fühlen können und sogar fremde Gefühle erkennen werden.[75]

Mit dem Moore'schen Gesetz vom exponentiell steigenden Ertragszuwachs hatte Kurzweil schon in den 1990er-Jahren die Theorie entwickelt, die erklärt, warum die technologische Entwicklung und der technologische Evolutionsprozess allgemein exponentiell verlaufen. „Für mich", so schreibt er bereits 1998 in seinem Werk *The Age of Spiritual Machines*, „bleibt das Gesetz vom steigenden Ertragszuwachs solange gültig, bis alle verfügbare Materie und Energie mit Mensch-Maschinen-Intelligenz gesättigt ist." Gesättigt heißt hier, dass alle Materie und Energie – nach unserem Verständnis – optimal zum Rechnen und Denken beiträgt. Wenn wir uns diesem Punkt nähern, so versteigt Kurzweil sich in *Menschheit 2.0*, „wird unsere Zivilisation ihren Intelligenzzuwachs weitertreiben, indem sie sich über das restliche Universum ausbreitet [...]. Letztendlich wird die Künstliche Intelligenz das gesamte Weltall durchdringen. Das ist die Bestimmung des Universums. Dann werden wir selbst anstelle der simplen, maschinenhaften Kräfte der Himmelsmechanik über unser Fortbestehen entscheiden".[76]

Jürgen Schmidhuber, der Direktor des Luganer Instituts für Künstliche Intelligenz, stimmt dieser Evolutionssicht zu. Auch seine „Superintelligenzen" werden das Universum besiedeln und es intelligenter machen. Kurzweil erweitert das Szenario noch: Wie lange es dauern wird, „bis das ganze Universum intelligent ist, hängt davon ab, ob die Lichtgeschwindigkeit wirklich eine unumstößliche Beschränkung darstellt". Er neigt dazu, dies zu verneinen: „Es gibt derzeit Anzeichen für die Möglichkeit feinster Ausnahmen, und falls es wirklich Unregelmäßigkeiten geben sollte, wird unsere Zivilisation sie zu nutzen verstehen". Diese „Anzeichen", dass die Lichtgeschwindigkeit keine unumstößliche Beschränkung mehr darstellt, führt Kurzweil auf seine Gespräche mit Astrophysikern des California Institute of Technology (CALTEC) zurück.[77] Die Hybris zu denken, dass man das „ganze Universum" nicht nur mit Nanobotwesen und Superintelligenzen besiedeln, sondern auch intelligenter machen kann, wobei selbst die meisten Astrophysiker davon ausgehen, dass es unendlich und mit den bisherigen Forschungsmethoden nicht zu erklären ist, ist schon verblüffend. Wir können uns doch nicht einmal Unendlichkeit vorstellen.

Trotz der engen Grenzen unseres gegenwärtigen biologischen Denkens, so Kurzweil, ist er der Ansicht, dass unser Abstraktionsvermögen ausreicht, um sinnvolle Aussagen über das Leben nach der Singularität zu machen. Eine wesentliche Aussage für ihn ist die, dass die neue, nicht biologische Intelligenz für eine „weiterhin menschliche Mensch-Maschinen-Zivilisation steht". Die nanobotgetriebenen Denkmaschinen – Nanobotwesen – werden für ihn menschlich sein, auch wenn sie nicht biologisch sind.

Bis zum Ende dieses Jahrhunderts wird die künstliche nanobotgetriebene Denkmaschinenintelligenz das biologisch-menschliche Denkvermögen viele Milliarden Mal übersteigen. Doch zuvor passiert für Kurzweil Folgendes: Die menschenartige Intelligenz wird kombiniert mit der Computern inhärenten überlegenen Geschwindigkeit, Präzision und Kommunikationsfähigkeit eine unschlagbare Mischung ergeben. Unsere Möglichkeiten, ein „Reverse Engineering" des Gehirns zu betreiben, das heißt, das Gehirn zu durchleuchten, Modelle davon zu erstellen und Teile zu simulieren, wachsen exponentiell. Letztlich werden wir die Vorgänge, die hinter der Gesamtheit unseres Denkens stehen, vollends ergründen. Und mit diesem Wissen wird uns ein mächtiges Werkzeug für die Entwicklung hochintelligenter Software und unseren Aufstieg ins Universum an die Hand gegeben. Das hat auch Jürgen Schmidhuber mit seiner Deep-Learning-Methode behauptet, bei der biologische neuronale Netze des Gehirns durch elektronische algorithmengesteuerte neuronale Netze ersetzt werden.

Kurzweil ist davon überzeugt, dass wir die Methoden des Gehirns vollends erkennen, verbessern und erweitern werden, indem wir sie – wie es Moravec schon propagierte – auch auf Computer übertragen, die weit leistungsfähiger sind als biologische neuronale Netze. Wie für Minsky und Moravec, so ist auch für Kurzweil unser Gehirn, unser Gedächtnis, unser Denken eine Maschine. Marvin Minsky, einer der Urväter der modernen Künstlichen Intelligenz, hielt sowieso nicht viel von unserem Intellekt, unserem Gedächtnis, unserem Gehirn. Er hatte schon früh das menschliche Gehirn, das Haus unseres Bewusstseins als „Fleischmaschine“ bezeichnet und damit deutlich abgewertet. Daher hatte er auch von künstlichen neuronalen Netzen oder von der Deep-Learning-Methode Schmidhubers keine besonders gute Meinung. Nach einem Bericht der *New York Times* vom 25. Januar 2016 skizzierte Minsky beides geradezu als „Irrweg in der KI-Forschung“. Er glaubte vielmehr daran, dass der Unterschied zwischen Menschen und Maschinen nur temporärer Natur und nichts Grundlegendes sei und dass programmierte Supercomputer eines Tages die Geisteskraft des Gehirns übertrumpfen würden. Und deshalb sollte man den KI-Forschungsbereich Computerprogrammierung bevorzugen. Im selben *New-York-Times*-Bericht wurde mitgeteilt, dass der große alte Mann der Künstlichen Intelligenz, der Mentor von Ray Kurzweil und Jaron Lanier, am 24. Januar 2016 in Boston gestorben war. Minsky war 88 Jahre alt geworden.[78]

Momentan ist es allerdings so, dass Deep Learning und künstliche elektronische neuronale Netze in der KI-Forschung bevorzugt werden, also Schmidhubers Methode. Mehr Gelder als jemals zuvor fließen in diesen Forschungsbereich. Weltweit pumpen Banken wie Goldman Sachs, Konzerne wie Toyota, Google, Facebook, Apple oder der chinesische Suchgigant Baidu Milliarden in diese Entwicklung. Derzeitiges Ergebnis: Algorithmengesteuerte Software, die die Funktion neuronaler Netze simuliert, lernt, aus Rohdaten neue Software zu generieren, die Menschen längst nicht mehr verstehen. So lernen Autos sehen und autonom fahren, Smartphones sprechen und Bilder erkennen, aber auch Drohnen Ziele erfassen und Roboter töten.

Noch einmal zurück zu Ray Kurzweils Menschheit 2.0 und 3.0. In der „Nanobot-Ära“, so behauptet er, wird die Forschung das biologische Gehirn mit räumlicher und zeitlicher Auflösung „von innen scannen“ können und unsere mentalen Fähigkeiten enorm verbessern. Unseren Möglichkeiten, die Arbeitsweise menschlicher Intelligenz nachzuvollziehen und auf immer bessere Berechnungsmedien der kommenden Jahrzehnte zu übertragen, sind keine Grenzen gesetzt. Zwar gibt Kurzweil zu, dass das menschliche Gehirn eine „komplexe Hierarchie komplexer Systeme“ ist, aber nicht so komplex, dass wir es nicht erfassen könnten. (Immerhin besteht das biologische Gehirn des Menschen aus 85 Milliarden Neuronen.) Eine Grundvoraussetzung für das Ein- und Übertreten in die Menschheit 2.0 wäre allerdings, dass nicht biologische Medien in der Lage sind, die „Vielfalt und Tiefgründigkeit menschlichen Denkens“ nachzuvollziehen und zu erweitern. Kurzweil erkennt also – anders als Minsky – die spezifischen Fähigkeiten menschlichen Denkens an. Allerdings behauptet er umgehend, dass ein Computer, sobald er menschliche Intelligenz erlangt, sie schnell und unweigerlich mit exponentieller Geschwindigkeit übertreffen wird. Nach 2045 wird dann die Künstliche Intelligenz der biologischen milliardenfach überlegen sein. Kurzweil nennt das die „unerbittliche Verschiebung“ zu einem überlegenen nicht biologischen Denken.

Schließlich kommt es ihm zufolge zur Entwicklung künstlicher Superintelligenzen – zu nanobotgetriebenen Denkmaschinen –, die immer weitere verbesserte Künstliche Intelligenz in die Welt setzen. Mit jedem exponentiellen Schritt entsteht eine noch intelligentere KI, wobei die Dauer der Entwicklungsschritte abnimmt. Bevor diese Superintelligenzen ins Universum aufsteigen und dieses „intelligenter machen“, kommt es schon im zweiten Teil dieses Jahrhunderts zur Menschheit 3.0. Der Google-Guru rechnet dabei mit einer noch „fundamentaleren Neustrukturierung“ des KI-Wesens. Die Menschheit 3.0 wird auf der Grundlage der Erfahrungen mit Version 2.0 umgestaltet. Der Übergang von 2.0 auf 3.0 wird ebenso wie der Übergang von 1.0 zu 2.0 schrittweise vonstattengehen. Doch er wird „unweigerlich kommen“.[79]

Ein Merkmal der Version Menschheit 3.0 wird darin bestehen, dass wir unseren Körper vom Realen ins Virtuelle wechseln können. Indem wir zum Beispiel molekulare Nanobots auf uns selbst – auf Körper und Intelligenz – anwenden, werden wir unsere physische Manifestation je nach Wunsch verändern können (jedenfalls einige von uns). Massenhaft im Gehirn implantierte Nanobots werden unser Gedächtnis und unsere sensorischen und kognitiven Fähigkeiten drastisch erweitern.

Ende dieses bzw. Anfang des kommenden Jahrhunderts wird dann die Zeit kommen, so Kurzweil, dass die Erde für die Superintelligenzen zu klein wird. Dann werden Schwärme von Superintelligenzen, sogenannte „Intelligente Nanonebel", – also körperlose, nichtbiologische, unsterbliche Nanobotwesen – das Universum besiedeln. Das sei geradezu die inhärente Mission der Superintelligenzen. Kurzweil nennt das auch die „Ausbreitung der Intelligenz im Universum". Ob diese Superintelligenzen uns eine utopische oder dystopische Zukunft bescheren werden, lässt Kurzweil offen. Jürgen Schmidhuber immerhin behauptet, wir sollten keine Angst vor ihnen haben, denn die künstlichen Superintelligenzen werden wohl das Interesse an uns nicht mit künstlichen Neuronen aufgewerteten biologischen Menschen verlieren. „Wenn sie eine Entwicklung, die bei den Menschen von der Geburt bis zum Erwachsenwerden 20 Jahre dauert, in 20 Millisekunden vollziehen, was sollten wir ihnen dann noch geben können".[80]

Die Superintelligenzen werden uns also in Ruhe lassen? Sie haben im Universum – laut Kurzweil – auch noch genug Arbeit zu leisten. Die nötigen Informationen zur „Optimierung der Intelligenz solcher Nanobotkolonien im Weltall", so schreibt er, könnten dann in „Form von Energie" in „Lichtgeschwindigkeit übertragen" werden. Anders als Menschen, so glaubt er, könnten Nanobots, da sie extrem winzig sind, annähernd mit Lichtgeschwindigkeit durchs Universum reisen. Auf diese Weise wäre die Ausbreitungsgeschwindigkeit der Künstlichen Intelligenz in unserem Sonnensystem nahe an der Lichtgeschwindigkeit. Diese ist nach unserem heutigen Verständnis die „Obergrenze für die Übertragungsgeschwindigkeit von Informationen und materiellen Objekten". Nach Kurzweils lang andauernden Gesprächen mit Astrophysikern vom California Institute of Technology (CALTEC) sieht er „einige Hinweise" darauf, dass die Lichtgeschwindigkeit „kein absolutes Hindernis" mehr für die Ausbreitungsgeschwindigkeit von KI darstellt. Nach den CALTEC-Forschungsergebnissen werden wir die Möglichkeit haben, so Kurzweil, die Lichtgeschwindigkeit zu umgehen. Für das Tempo, in dem die Superintelligenzen das Universum kolonisieren werden, ist die Umgehung der Lichtgeschwindigkeit von entscheidender Bedeutung. Es gebe schon heute, so klärten CALTEC-Astrophysiker Kurzweil auf, Prognosen, wie sich die Beschränkung durch die Lichtgeschwindigkeit umgehen ließe. Eine davon heißt „Wurmlöcher". Es gelte, so die Astrophysiker, die Wurmlöcher – „Faltungen des Universums jenseits der drei sichtbaren Dimensionen" – auszunutzen. Durch sie würden auch größere Objekte als subatomare Partikel hindurchpassen. Kurzweil nahm diese Prognose auf und prophezeite, wenn es genügend Wurmlöcher im Universum gäbe, dann könnten wir „mit molekularen Nanobots durch sie hindurchfliegen und schnell überall im Weltraum hingelangen".[81]

Ray Kurzweil griff auch auf andere Forschungsergebnisse und Entdeckungen aus der Physik und Astrophysik zurück, um zu beweisen, dass seine Nanobot-Superintelligenzen durch die Wurmlöcher hindurchfliegen könnten. Zunächst ging er zurück auf Albert Einstein und Nathan Rosen, die im Jahr 1935 die sogenannten „Einstein-Rosen-Brücken" entdeckten, durch die im Weltall Elektronen und andere subatomare Teilchen wie durch winzige „Raum-Zeit-Tunnel" hindurchfliegen können. Auch auf den US-amerikanischen Physiker John Wheeler griff er zurück, der die Bezeichnung „Wurmlöcher" für diese Raum-Zeit-Tunnel einführte. Wheeler bewies, dass sie konsistent sind mit Einsteins Allgemeiner Relativitätstheorie, die den Weltraum als gekrümmt beschreibt. Doch am meisten wurde Kurzweil von dem CALTEC-Astrophysiker Kip Thorne (er erhielt 2017 den Nobelpreis für Physik) beeinflusst, der schon 1988 mit Kollegen bewies, wie Wurmlöcher künstlich vergrößert werden könnten. Sie beschrieben in wissenschaftlichen Institut-Papieren den

Energieaufwand, der nötig sei, um unterschiedlich große Wurmlöcher offen zu halten. Sie wiesen darauf hin, dass im leeren Raum aufgrund von Quantenfluktuationen fortwährend winzige Wurmlöcher entstünden. „Durch Zuführung von Energie und der Erfüllung von Erfordernissen der Quantenmechanik und der allgemeinen Relativität könnten diese Wurmlöcher erweitert werden, so dass auch größere Objekte hindurchpassten". Das genügte Kurzweil, um zu postulieren, dass schon Wurmlöcher von einigen Mikrometern Größe ausreichen würden, um molekulare Nanobots und Informationen hindurchzusenden. So könnte man „per Laserstrahlen und durch Wurmloch-Fortbewegung" nahe der Lichtgeschwindigkeit schon Ende dieses Jahrhunderts Kommunikations- und Transportverbindungen zu den entlegensten Winkeln des Universums herstellen. Das ist Kurzweils Menschheit 3.0.[82]

Kurzweils Vorstellungen von Singularität (Menschheit 2.0) und Superintelligenzen im Universum (Menschheit 3.0) sind umstritten. Während seine Befürworter wie Bill Gates und seit 2013 auch der Dalai Lama in ihm einen Visionär der Künstlichen Intelligenz und ein Computer-Genie sehen, werten seine Kritiker wie Noam Chomsky, Jaron Lanier und vor allem Douglas Hofstadter seine Methoden als „unwissenschaftlich", als „Science-Fiction" und einige seiner virtuellen Versprechen als „quasireligiös" ab. Hofstadter findet bei der Lektüre von Kurzweils Büchern eine „sehr bizarre Mischung von soliden und richtigen Ideen mit verrückten Ideen [...]. Es ist eine Mischung aus Müll und guten Ideen."[83]

Auf jeden Fall werden uns KI-Forscher wie Ray Kurzweil, Hans-Peter Moravec und Jürgen Schmidhuber noch lange erhalten bleiben. Denn sie spielen nicht nur für die IT-Konzerne im Silicon Valley eine große Rolle, sondern auch für „Global Future 2045", eine weltweite Institution für Künstliche Intelligenz und Cybernetische Technologie, die im Februar 2011 von dem russischen Oligarchen Dmitry Itskov in Moskau gegründet wurde und der seit 2012 auch der Dalai Lama angehört. Sie umfasste im April 2014 bereits 33.950 internationale Mitglieder, darunter führende russische, chinesische, indische, US-amerikanische und europäische Forscher auf den Gebieten der Computerwissenschaft, der Robotik, der Neurologie, der Informatik, der Medizin und des Bio-Engineerings. Hauptziel dieser weltweiten Institution, so der Gründer Dmitry Itskov in dem Institut-Prospekt *2045 Strategic Initiative*, ist die Aufklärung der Massen über die Entwicklung „einer futuristischen Wirklichkeit des Menschen hin zu einer fortgeschrittenen nichtbiologischen Persönlichkeit, in der das Leben bis zum Punkt der Unsterblichkeit verlängert wird".[84] Zudem wird das Entstehen internationaler Forschungszentren ins Auge gefasst, deren Aufgabe es sein soll, die „kybernetische Unsterblichkeit" im Kosmos durch Nanotechnologie zu verwirklichen. In diesen internationalen Forschungszentren der Zukunft sollen hervorragende Wissenschaftler der oben genannten Bereiche herangezogen werden, um die Forschung und Entwicklung voranzutreiben.

Global Future 2045 hielt seinen ersten Kongress in Moskau im Februar 2012 ab. Viele der führenden KI- und Robotikforscher aus aller Welt nahmen an diesem Kongress teil. Im Juni 2013 fand der zweite Global-Future-2045-Kongress in New York statt. Auf ihm wurde ein ehrgeiziges Ziel, das sogenannte „Avatar-Projekt", vorgestellt. Avatar wird ein sich selbst steuernder und regulierender Roboter sein, der drei Stufen zu durchlaufen hat. Auf der ersten Stufe wird der „Avatar A", dessen Entstehung bis 2030 erfolgen soll, ein noch menschenähnlicher Roboter sein („human-like robot"), dessen implantierter „Gehirn-Computer" ihm die Fähigkeit verleiht, mit der Intelligenz des menschlichen Hirns gleichzuziehen. Auf der zweiten Stufe, dem „Avatar B", wird die im Roboter implantierte Computer-Intelligenz die biologische Intelligenz des menschlichen Gehirns übersteigen; dies ist für die Zeit um 2045 vorgesehen. Hier begegnet uns wieder Kurzweils Singularität. Die dritte Stufe, „Avatar C", wird Ende dieses Jahrhunderts entstehen und beinhaltet die vollständige Entwicklung eines algorithmengesteuerten künstlichen Computer-Gehirns, das in Robotern mit dem Ziel implantiert wird, später „kybernetische Unsterblichkeit zu erreichen und das Universum zu besiedeln" – also Kurzweils Menschheit 3.0.[85] Im Abschlussbericht des New Yorker Kongresses heißt es, die Menschheit werde das erste Mal in ihrer Geschichte durch die Schaffung Künstlicher Intelligenz eine totale evolutionäre Umwandlung erfahren und dadurch schließlich zu einer neuen Spezies aufsteigen, die in der Lage sein werde, den Kosmos zu kolonisieren und Unsterblichkeit zu erlangen.

Zwischen den beiden Kongressen war es Dmitry Itskov gelungen, seine Heiligkeit Tenzin Gyatso, den 14. Dalai Lama, in seinem Domizil in Dharamsala, einer Gebirgsstadt in Nordindien, zu überzeugen, an Global Future 2045 und am Avatar-Projekt teilzunehmen und beiden seinen Segen zu erteilen. Auf dem 2013er Kongress in New York ließ der Dalai Lama denn auch verkünden, dass die Schöpfung des Avatar-C-Wesens durch die Entwicklung eines künstlichen algorithmengesteuerten Gehirns und damit das Verstehen der Natur des menschlichen Bewusstseins nicht nur realisierbar, sondern auch von großem Nutzen für die Zukunft der Wissenschaftsentwicklung sein werde („Creating the Avatar C through developing an artificial brain and understanding the nature of human consciousness could be attainable and would be a great benefit to future development of science"). Doch er warnte auch, dass es bei dieser Entwicklung entscheidend sei, die ethischen Probleme, die diese progressiven Technologien mit sich bringen, nicht zu vergessen. „Wir sollten diese Experimente mit einem vollen Verständnis für Verantwortung und Respekt vor dem Leben ausführen zum Wohle und Nutzen der Menschheit."[86]

Zu diesem Komplex sagte einer der bedeutendsten Neurochirurgen der Welt, Professor Wolf Singer, langjähriger Direktor des Max-Planck-Instituts für Hirnforschung in Frankfurt am Main: „Wir haben uns durch eigenes Zutun eine komplexe, hochdimensionale Welt geschaffen, deren nicht-lineare Dynamik die Prognostizierbarkeit zukünftiger Entwicklungen sehr schwierig, wenn nicht gar unmöglich macht. Das Gleiche gilt für die Folgen gezielter Eingriffe, die bestenfalls über wenige Zyklen hinweg vorausgesehen werden können. Aus diesen Gründen verbieten sich radikale Eingriffe [...]. Ein misslungener großer Wurf ist eine große Katastrophe. In der Evolution haben sich die kleinen Schritte bewährt. Die Natur hat Mechanismen entwickelt, die das Genom ständig in kleinen Schritten verändern. So wird Vielfalt erzeugt, ohne Gefahr zu laufen, über zu radikale Veränderungen des Genoms tödliche Mutationen zu riskieren".[87]

Kapitel 3

Wissenschaft oder Science-Fiction?

Während Professor Wolf Singer vor radikalen Veränderungen des Genoms (Gesamtheit aller in einer Zelle vorhandenen Erbanlagen) warnte, beurteilte der US-amerikanische Linguist und Kognitionsforscher Noam Chomsky (Massachusetts Institute of Technology) die Singularität und Ray Kurzweils Prognosen für die Menschheit 2.0 und 3.0 in einem Interview mit dem Wissenschaftsjournalisten Nikola Danaylov im Jahr 2012 als „Science-Fiction", die mit Forschung „wenig zu tun" habe. Kurzweils Prognose, dass um 2045 eine nicht biologische künstliche Intelligenz die biologische Intelligenz des Menschen überflügeln werde, hält Chomsky für einen „gefährlichen Irrglauben", der mit falsifizierten wissenschaftlichen Aussagen verbrämt sei. Trotz ihrer exponentiellen Verbesserungsmöglichkeiten und ihres enormen Speicherpotenzials würden Supercomputer ihre durch Algorithmen gesteuerten Programme weder begreifen noch interpretieren können. Sie würden, so Chomsky, niemals dem Erinnerungsvermögen noch dem kritisch-analytischen Denkpotenzial, noch der Kreativität des menschlichen Gehirns überlegen sein. Künstliches Speicherpotenzial könne nicht mit menschlichem Denkpotenzial verglichen werden. Kurzweils im Universum „herumschwirrende posthumane Nanobotwesen", die das neutrale Universum intelligent gestalten sollen, sind nach Chomsky „reine Fantastereien". Das hat auch Jaron Lanier so gesehen. Und die IBM-Manöver mit den Deep-Blue- und Watson-Computern seien nichts anderes als „billige Public Relations" gewesen, um Aufmerksamkeit für die KI-Produkte im Silicon Valley zu erregen und die Finanzierung voranzutreiben.[88]

Vor allem aber, so der Kognitionsforscher Noam Chomsky, werde Künstliche Intelligenz niemals die Schöpfungskraft des Menschen, die sich in spontaner Kreativität und in seinen Sprachen manifestiert, interpretieren noch nachvollziehen können. Dazu bedürfe es des analytischen menschlichen Denkvermögens, das auch durch lebenslange Erfahrungen, Erlebnisse, Erinnerungen, Entdeckungen und Analogiebildung mitgeschaffen worden sei. Sprache, entstanden durch Bewusstseinserweiterung und die Erlebnisse und Erfahrungen aller vor uns dagewesenen Generationen, sei das „größte Kunstwerk des Menschen". Das menschliche Denkvermögen sei ohne diese Urerfahrungen und die ständige Bewusstseinserweiterung nicht erklärbar. Und selbst heute wüssten wir immer noch nicht, wie Bewusstsein in die Materie (Gehirn) kommt. Bewusstsein und Denken seien nicht messbar, gespeicherte Intelligenz hingegen schon, nämlich durch IQ-Tests. Für Chomsky ist Ray Kurzweils Nutzbarmachung von Max Plancks Quantenphysik, Albert Einsteins Allgemeiner Relativitätstheorie, Einsteins und Rosens „Raum-Zeit-Tunnel", John Wheelers Wurmlöchern und Kip Thornes Erweiterung der Wurmlöcher für die angebliche Verwirklichung seiner posthumanen, ewig lebenden, künstlichen Superintelligenzen im Kosmos eine „Zumutung". Eine Zumutung, die eiskalt für die digitale Revolution und ihre neue „Wissensökonomie" ausgenutzt werde.[89]

Der bedeutendste Kritiker Kurzweils, Moravecs und Schmidhubers – neben Jaron Lanier und Noam Chomsky – ist Douglas Hofstadter, Professor für Informatik- und Kognitionswissenschaften an der Indiana University in Bloomington, Indiana. Er schrieb unter anderem den Bestseller *Gödel, Escher, Bach* (1979), in dem er die menschliche Schöpfungskraft über jegliche kommende Künstliche Intelligenz stellte. Hofstadter leitet seit über 25 Jahren die „Fluid Analogies Research Group" an der Indiana University. Er ist der Sohn des Physik-Nobelpreisträgers Robert Hofstadter und war 35 Jahre alt, als er 1980 für *Gödel, Escher, Bach* den Pulitzer-Preis erhielt. Er beschrieb darin die schöpferischen Arbeiten, Ideen und Kompositionen der drei berühmten Männer, des Logikers, des Künstlers und des Komponisten. Als man ihn fragte, was er mit diesem Werk zum Ausdruck bringen wolle, antwortete er, es sei ihm darum gegangen darzustellen, wie es möglich sei, dass das „lebendig Geistige aus der nichtlebendigen Materie herauskommen kann oder wie es dort hineinkommt [...]. Oder wenn Sie so wollen: Wie kann das Selbst, das ICH, diese Schöpfungskraft aus einem Stoff herauskommen, der so ohne Selbst ist wie ein Stein".[90]

Für das Thema meines Buches ist es besonders interessant, was Hofstadter über den österreichischen Logiker und Mathematiker Kurt Gödel mit Blick auf Alan Turing und dessen Rechenmaschine zu sagen hat. Laut Hofstadter erschütterte der junge Gödel in den 1930er-Jahren die Welt der Mathematik mit dem Beweis, dass es kein mathematisches Axiomsystem gibt, das widerspruchsfrei ist. Vielmehr gibt es in einem solchen System immer Aussagen, die weder beweisbar noch widerlegbar sind. Gödel zeigte Hofstadter zufolge zudem, dass solche unbeweisbaren Aussagen ebenso häufig sind wie beweisbare. Dieser Gödel'sche „Unvollständigkeitssatz" ist für Hofstadter der fundamentale Beweis, dass der mathematischen Logik – und damit der Berechenbarkeit der mit Algorithmen gesteuerten Computer – definitive Grenzen gesetzt sind. Der Gödel'sche Unvollständigkeitssatz und seine Konsequenzen sind noch heute für Mathematiker unumstößlich.

Hofstadter zeigt auch auf, dass der britische Mathematiker Alan Turing zu ähnlichen Erkenntnissen gelangte, als er 1936 mit seiner Turingmaschine jenes theoretische Computermodell präsentierte, das bis heute die Grundlage der Berechenbarkeit für KI-Modelle bildet. Turing berichtete damals von einer unerwarteten Entdeckung. Dabei beschrieb er das Konzept nicht entscheidbarer Probleme, das heißt: wohldefinierter Probleme, die erwiesenermaßen eine einzige Lösung haben, die aber nicht auf einer Turingmaschine berechnet werden kann. Turing bewies damit, so Hofstadter, dass auf seiner Maschine die Menge „unentscheidbarer Probleme ebenso groß ist wie die Menge entscheidbarer Probleme, und das abzählbar unendlich". Turings Entdeckung hatte also Ähnlichkeit mit dem Gödel'schen Unvollständigkeitssatz. Gödel wie Turing lieferten schon damals Beweise dafür, dass Logik, Mathematik und eben auch algorithmischen Berechnungen klare Grenzen gesetzt sind. Wie Turing sagte: „Ein Problem, das für eine Turingmaschine formulierbar, aber von einer solchen nicht lösbar ist, ist für keine Maschine lösbar. Denn das Verhalten jeder Maschine folgt einem Algorithmus".[91] Darüber hinaus können selbstlernende Algorithmen, die Computerprogramme steuern, Fehler machen, wodurch bisweilen Hochleistungscomputer – so etwa beim „Flash Crash“ 2010 an der Wall Street – auch abstürzen.

Um seine Nichtübereinstimmung mit Kurzweils und Moravecs Vorstellungen von einer zukünftigen Überlegenheit künstlicher Superintelligenzen über die biologische menschliche Intelligenz einem breiten Publikum vor Augen zu führen, organisierte Douglas Hofstadter im April 2000 an der Stanford University im Herzen des Silicon Valley das erste „Stanford-Symposium“ über das Thema „Will Spiritual Robots Replace Humanity by 2100?“. Zu dieser Konferenz lud er Ray Kurzweil, Hans-Peter Moravec, Ralph Merkle (Nanotechwissenschaftler), Bill Joy (Kognitionswissenschaftler und Mitbegründer von Sun Microsystems) und andere KI-Forscher ein. Mit ihnen – insbesondere Kurzweil, Moravec und Merkle – hatte Hofstadter vor Jahren aufgehört zusammenzuarbeiten, weil sie seiner Meinung nach in die „völlig falsche Richtung marschierten“, weil sie von „Profitdenken getrieben“ seien und nicht von wirklicher wissenschaftlicher Forschung. Das hatte ja auch Noam Chomsky behauptet. Und um Profit zu machen für Google, Apple, Facebook, Microsoft etc., so Hofstadter, schrieben sie „von morgens bis abends Programme, die aussehen, als ob sie etwas über den Ursprung von Sprache, Wissen, Bewusstsein und Denken verstünden. Aber sie verstehen überhaupt nichts“.[92] Nach dem ersten Symposium organisierte Hofstadter mit anderen Wissenschaftlern weitere Stanford-Symposien, darunter eins mit dem Titel „Singularity Summit“. Die abschließenden Berichte über die beiden genannten Symposien wurden von den Zeitschriften *Leonardo – The International Society for the Arts, Sciences and Technology* und *American Scientist* veröffentlicht. Hier einige Ausschnitte:

Im Jahr 1999, so die Zeitschrift *Leonardo*, seien Ray Kurzweil mit seinem Werk *The Age of Spiritual Machines* und Hans-Peter Moravec mit *Robot: Mere Machine to Transcendent Mind* herausgekommen. Mit beiden Werken hätte im Silicon Valley der Glaube begonnen, dass mit Nanotechnologie ausgestattete, algorithmengesteuerte

Mini-Roboter (Nanobots, Mind Children) die menschliche Intelligenz milliardenfach überflügeln könnten und diese nicht biologischen, virtuellen Wesen um die Jahrhundertwende den Kosmos besiedeln würden und ewiges Leben erlangten. Gegen diesen „Irrglauben", gegen diese „Science-Fiction-Vision" habe sich der Informatikwissenschaftler Douglas Hofstadter aufgelehnt, und daraus seien seine Stanford-Symposien entstanden.

Einer von Hofstadters geladenen Kollegen, der Mitbegründer von Sun Microsystems und Kognitionsforscher Bill Joy, trug beim ersten Stanford-Symposium im April 2000 mit seinem Aufsatz „Why the Future Doesn't Need Us" wesentlich zur Auseinandersetzung mit Kurzweils und Moravecs Werken von 1999 bei. Darin, so berichtet *Leonardo*, beschreibt Joy die Nanobot- und Mind-Children-Zukunft – sollte sie so aussehen, wie Kurzweil und Moravec sie prognostiziert haben – als seinslos, als bewusstseinsleer. Die virtuellen Nanobotwesen und Mind Children wären keine Menschen mehr. Können wir, so fragte Bill Joy, das wollen? Soll die Forschung, sollen Technologien, sollen die Maschinen den Menschen abschaffen oder sollen sie ihn erhalten? Welche Verantwortung haben die neuen Technologien und ihre Schöpfer? Das ist nach Bill Joy die Frage der Zukunft, der wir nicht entrinnen könnten.[93]

Ein weiterer geladener Kollege auf Hofstadters erstem Stanford-Symposium „Will Spiritual Robots Replace Humanity by 2100?" war der Nanotechnikwissenschaftler Ralph Merkle. Merkle, so die Zeitschrift *American Scientist*, galt als Unterstützer der Kurzweil'schen Prognosen, dass Schwärme von künstlichen Nanobots das Universum um 2100 kolonisieren würden. Er stimmte mit Ray Kurzweil überein, dass – „nach präziser molekularer Fertigung" – winzige Nanobots nach 2045 unseren Blutkreislauf und unser Gehirn durchlaufen und um 2100 sich zu Superintelligenzen entwickeln würden, um dann die Erde über Laserstrahlen und Wurmlöcher zu verlassen und sich auf den Weg zu anderen Planeten aufzumachen. Die Gefahr, die Merkle allerdings bei dieser großen Nanobot-Weltraumreise sah, so hob der *American Scientist* hervor, war das Problem, dass es „bösartige, sich selbst replizierende Nanobots" geben könnte, welche die „friedlichen, sich nicht selbst replizierenden Nanobots" angreifen würden. Deshalb bedürfe es eines Überwachungssystems. Schon auf der Erde sollten sich die mit künstlichen neuronalen Netzwerken ausgestatteten elitären Wissenschaftler und Techno-Eliten verpflichten, keine Mechanismen in den superintelligenten, ins Universum aufsteigenden Nanobotwesen einzubauen, die sich „selbstständig vermehren" könnten. Später würde man Merkle zufolge ein „planetenweites nanotechnisches Immunsystem" benötigen, eine Art „flächendeckendes Nanobot-Überwachungssystem" gegen bösartige, sich selbst replizierende Nanobots, das bei „Bedarf große Mengen nicht replizierender Abwehreinheiten gegen spezifische Bedrohungen produzieren" könne. Hofstadter hielt das in seinem Vortrag für „Blödsinn". Doch für Ralph Merkle war das die Zukunft, so der *American Scientist*. Und es wäre das Vernünftigste, so behauptete er während des Symposiums, wenn man schon vorher – also vor der großen Nanobotreise in den Weltraum – Richtlinien erarbeiten würde, die ein „Verbot von sich selbst replizierenden Einheiten" vorsähen. Man könnte sogar den „Code für die Selbstreplikation in einem sicheren zentralen Server verwahren".[94] Dies würde aus Merkles Sicht unseren unsterblichen künstlichen Nanobot-Nachkommen beschützte Ausflüge ins Universum ermöglichen.

Im Januar 2007 interviewte Greg Ross, der „Online Managing Editor" der Zeitschrift *American Scientist*, Douglas Hofstadter, um dessen Meinung zu Ray Kurzweils 2005 veröffentlichtem Buch *The Singularity Is Near* zu hören. Daraus entwickelten sich unter anderem folgende Fragen und Antworten:

Man höre in Stanford, so Greg Ross, dass es nach Kurzweils Singularität, also nach 2045, eine „Explosion Künstlicher Intelligenz" geben solle. Darauf Hofstadter: „Herr Ross, Sie wissen doch, dass ich mehrere Symposien organisiert habe, an denen Ray Kurzweil,

Hans-Peter Moravec und einige andere dieser Singularitarier – so nennen sich Kurzweils Anhänger – teilgenommen haben. Ich habe mich lange genug in diesem Dreck herumgewälzt" („I have wallowed in this mud long enough"), „und wenn Sie meine eindeutige Antwort hören wollen: es ist Murks. Und der Grund, warum ich mich so lange damit beschäftigt habe, ist der Wunsch, dieser Verirrung menschlichen Denkens entgegenzutreten."[95] Wenn man Ray Kurzweils und Hans-Peter Moravecs Bücher lese, so Hofstadter weiter, finde man in ihnen „eine Menge guter Nahrung mit Hunde-Exkrementen vermischt" („It is as if you took a lot of good food and some dog excrement and blended it all up"), sodass man „am Ende nicht mehr weiß, was gut oder schlecht an dem Essen ist." Und es falle schwer, beides auseinanderzuhalten. Hinzu komme noch, dass die „beiden Männer, die so etwas geschrieben haben, kluge Köpfe sind".[96] Kurzweil und Moravec behaupteten sogar, so Hofstadter, dass ihre Nanobotwesen und Mind Children menschliche Emotionen haben könnten. Das hätten sie von Marvin Minsky übernommen. Zuletzt hätten sie überdies prognostiziert, dass ihre künstlichen Mini-Roboter das Universum nicht nur intelligenter machen, sondern dort auch ewig leben würden. „Für mich", so Hofstadter, „arbeiten die beiden nach ihrem selbst auferlegten Zwang." Sie seien getrieben von dem Wunsch, dass alles schneller gehen müsse, „immer schneller und schneller, nach dem Moore'schen Gesetz alles exponentiell schneller, und das immerzu und ewig". Und sie fragten nicht, warum oder ob das für die Menschheit gut sei.

Ross erkundigte sich nach Besonderheiten während der Symposien, worauf Hofstadter antwortete, es sei merkwürdig gewesen, dass Kurzweil und Moravec „geradezu gehemmt" gewesen seien, vor der versammelten Hörerschaft wirklich über ihre weitgesteckten kosmischen Ziele zu sprechen. Sie hätten einfach nur von zumeist bekannten KI-Ergebnissen in der Wirtschaft berichtet. Also habe er, Hofstadter, sich vor das Publikum gestellt, aus ihren Büchern vorgelesen, vor allem ihre kosmischen Ideen vorgetragen und am Ende hervorgehoben: „Seht her, ihr sagt vor diesem Auditorium von 1.000 Leuten nicht, was ihr in euren Büchern geschrieben habt. Nun trage ich vor, was ihr darin gesagt habt" („Look, you are not saying in front of this audience of a thousand people what you have said in your books. Here is what you have said in your books"): „Ihr wollt doch am Ende nicht, dass es im nächsten Jahrhundert noch eine Menschengattung gibt. Ihr wollt vielmehr, dass die Menschen Software werden, die in einer virtuellen Realität im Universum unsterblich in Science Fiction City leben."[97] Auf Ross' Frage nach der Reaktion des Publikums auf diese Kritik Hofstadters äußerte dieser seine Unzufriedenheit: Die Leute hätten sich mit Fragen zurückgehalten, hätten sich nicht für seine oder für Kurzweils und Moravecs Ideen entscheiden können, wären ausweichend gewesen. Sie schienen, so Hofstadter, mit wenigen Ausnahmen überfordert gewesen zu sein.

Am Ende des Interviews hakte Ross noch einmal nach und fragte, warum sich Hofstadter von den Singularitariern abgewandt hatte. „Ich beschäftige mich nicht mit Science-Fiction [...], auch nicht mit dem, was vielleicht in tausend Jahren geschehen kann", antwortete Hofstadter, „vielmehr interessiert mich: Was ist der Mensch? Was ist ein ICH? Was ist Selbst? Was ist Denken? Was ist Bewusstsein? Das mögen altmodische Fragen sein, aber sie sind noch immer unbeantwortet. Auch die Gehirnchirurgen haben darauf noch keine Antwort gefunden." Er forsche und schreibe über das jetzige Leben und wie es entstanden sei; wir seien noch immer Menschen mit biologischer Intelligenz und biologischem Körper. Die Künstliche Intelligenz sei noch lange nicht auf unserem Level. Und er sehe sie auch nicht am Horizont. Er könne nicht das „Geringste" in der Speicherkapazität der Künstlichen Intelligenz erkennen, das unserem analytischen, interpretierenden, kreativen menschlichen Denken in all seinen Facetten auch nur nahekäme.[98] Abschließend erklärte Hofstadter, er verbringe einen großen Teil seiner Zeit damit, über das „Denken zu denken, über den Ursprung des Denkens", über „Analogien, Sprache, elementares und angelerntes Wissen, Erfahrungen,

Erlebnisse, Entdeckungen und Bewusstseinserweiterung, über die Geheimnisse des Bewusstseins und seines Entstehens, über Sprache und ihren Ursprung." Er formulierte die Frage, ob unser Geist, unser Denkvermögen, unser Bewusstsein, die viel mehr seien als unsere Intelligenz und die Speicherung Künstlicher Intelligenz in Big Data, sich eines Tages selbst begreifen könnten und wodurch dies dann möglich wäre. „Werde ich selbst, ich, Douglas Hofstadter, eines Tages alles über mein Gehirn wissen, wenn es durch Neurochirurgie in die letzten Elementarteilchen seziert wird? Ich werde, so denke ich, nie völlig begreifen können, warum ich all die Dinge tue, die ich tue."[99]

Hofstadter ist, wie hier deutlich wird, davon überzeugt, dass der Mensch seine Schöpfungskraft, sein Denkvermögen, sein Bewusstsein nicht vollständig erklären kann. Der Mensch, so betont er, wird immer „rätselhaft für sich selbst sein". Wenn er sich selbst völlig transparent wäre, dann würde die „ganze Vorstellung von einem ICH verschwinden". Es würde das Ende der Gattung Mensch bedeuten. Hier stimmt Hofstadter mit Jaron Lanier überein, der in seinem Buch *Wem gehört die Zukunft?* davon spricht, dass im Menschen immer etwas „Mystisches", etwas „Unerklärbares" verbleiben werde.

Douglas Hofstadter und sein französischer Kollege, der Mathematiker und Psychologe Emmanuel Sander, Professor für Psychologie an der Universität von Paris, veröffentlichten 2013 ihre gemeinsamen Forschungsergebnisse in dem Buch *Die Analogie. Das Herz des Denkens*. Das Buch erschien zur gleichen Zeit in englischer und französischer Sprache und ein Jahr darauf auch auf Deutsch. In ihm beschreiben die beiden Wissenschaftler auf fast 800 Seiten ihre Auseinandersetzung mit den Apologeten einer posthumanen Nanobot- und Mind-Children-Zivilisation und den Zusammenhang von Sprache und Denken auf der Grundlage von Analogien. Gleich zu Beginn erklären sie, dass das Bilden von Analogien der Mechanismus ist, der allem Denken zugrunde liegt. Zudem betonen sie, dass das Programmieren von Supercomputern diesem Mechanismus weit unterlegen ist. Analogien sind für Hofstadter und Sander die individuelle Entdeckung einer Beziehung zwischen etwas, das der einzelne Mensch jetzt erfährt bzw. erlebt, und etwas, das er früher schon einmal erlebt oder erfahren hat. Analogiebildung ist nach den Forschungsergebnissen der beiden „die Wurzel all unserer Begriffe, unseres Denkens und unserer Sprache", Analogien sind der „Brennstoff und das Feuer unseres Denkens".[100]

Analogien sind also Ähnlichkeiten von bereits in der Vergangenheit Erlebtem und Erfahrenem mit Erfahrungen in der Gegenwart. Sie sind rein subjektiver Natur und bilden die Identität eines Menschen mit. Da Analogien nur durch subjektive Erlebnisse und Erfahrungen entstehen, die zudem häufig im Unterbewussten verschwinden und plötzlich wieder auftauchen können, lassen sie sich nicht in einem Computer herunterladen. Ein großer Teil unseres Denkens und unserer Emotionen, so Hofstadter und Sander, verschwinden dabei für immer im Unterbewusstsein, ohne dass wir diesen Teil zurückholen können. Beide sind davon überzeugt, dass der Mensch durch die subjektive Analogiebildung „denkender und intelligenter" ist als jeder algorithmengesteuerte Supercomputer. Moravec und Kurzweil begehen daher schwere Irrtümer, wenn sie behaupten, dass noch in diesem Jahrhundert die Künstliche Intelligenz die biologische Intelligenz und das Denken der Menschen überflügeln werde, um dann im darauffolgenden Jahrhundert als Superintelligenz ins Universum aufzusteigen. Das ist für Hofstadter und Sander schlichtweg ein Religionsersatz.

Unser Denken, unsere Emotionen, unsere Sprache, unsere Kreativität, unser Bewusstsein werden sich auch in Zukunft durch Analogien weiterentwickeln und nicht durch die Speicherung von Big Data in Supercomputern. Diese wären nicht selbstdenkend, könnten sich nicht selbst interpretieren. Sie speicherten nur das, was Programmierer und Algorithmen in sie implantierten. Dass Künstliche Intelligenz dem menschlichen Denkvermögen und seiner Fähigkeit zur Analogiebildung überlegen sein könnte, ist für die beiden Wissenschaftler Science-Fiction.

Vielleicht sollte man allerdings Science-Fiction und Wissenschaft nicht so strikt auseinanderhalten, wie die beiden es tun. Vielleicht sollte die Wissenschaft Science-Fiction nicht so von oben herab betrachten. Auch aus unseren Gehirnen, aus unserem Denkvermögen ist schließlich Science-Fiction entstanden. In den 1930er-Jahren hatte wohl kaum einer es ernsthaft für möglich gehalten, dass Menschen 1969 auf dem Mond landen würden. Das galt Anfang 1930 als Science-Fiction. Dennoch landeten sie dort. Aus Science-Fiction wurde Realität. Und Hunderte von Wissenschaftlern der NASA hatten an der Mondlandung mitgearbeitet – und das über Jahre.

In ihrem Buch versuchen Hofstadter und Sander – auch Letzterer hat bereits mehrere Arbeiten über „kreative Analogien" als Ursprung unseres Denkens veröffentlicht – zu beweisen, dass Intelligenz vor allem anhand der Analogiefähigkeit des menschlichen Denkens erklärbar ist. Zugleich wollen sie das Außerordentliche der menschlichen Intelligenz aufzeigen. Und so fragen sie: Wie kommt es, dass Computer trotz ihrer bestürzenden Geschwindigkeit und ihres riesigen Speichergedächtnisses „so fürchterlich dumm sind"? Und warum sind Menschen so klug, obwohl sie so langsam sind und so ein begrenztes, fehleranfälliges Gedächtnis haben? Nun, Computer können keine Analogien bilden, da sie keine früheren Erfahrungen, Entdeckungen und Erlebnisse zu akkumulieren vermögen und keine selbstständige Schöpfungskraft besitzen. Die Menschen haben hingegen diese Fähigkeit, die das Denken und die Sprache mit ausmachen. Dadurch, so Hofstadter und Sander, sind sie den Computern überlegen und werden es auch weiterhin sein.

Dieser Analogiebildungsprozess ist für beide untrennbar mit der Bildung von Kategorien verbunden. Während Analogien rein subjektiver Natur sind, entstehen Kategorien durch die Außenwelt, mit der sich der einzelne Mensch und die Gesellschaft auseinandersetzen müssen. Kategorienbildung beginnt ihnen zufolge schon in der frühen Kindheit. Während zum Beispiel ein Kleinkind sehr weite Kategorien bildet, etwa „Schaf" für alle haarigen vierbeinigen Tiere einer bestimmten Größe – also auch für einen Bernhardinerhund –, verfeinern sie sich im Laufe der Zeit. Die von außen eindringende Kategorienbildung – das Sein? – und das innere, subjektive Finden von Analogien – das Bewusstsein? – sind für die beiden Autoren untrennbar miteinander verbunden. Sie bilden eine Symbiose. „Aktive, lebendige Kategorien wirken wie ein inhaltlicher Filter, sie halten ständig nach Belegen ihrer selbst Ausschau".[101] Solche aktiven Kategorien aber können für Hofstadter und Sander nicht von Computern gebildet werden.

Hier mag ein kurzer Ausflug in die Philosophiegeschichte aufschlussreich sein: Eine der für das Überleben der Gattung Mensch wesentlichen aktiven Kategorien ist Immanuel Kants (1724–1804) zeitloser „Kategorischer Imperativ". Er dient noch immer als oberster Grundsatz der menschlichen Moral. Der große Königsberger Philosoph, Sohn eines Sattlers, schrieb: „Handle als einzelnes Vernunftwesen immer nur nach derjenigen Maxime, durch die du zugleich wollen kannst, dass sie Gesetz für alle Vernunftwesen werde […]. Handle so, dass du die Menschheit sowohl in deiner Person als in der Person eines jeden anderen jederzeit zugleich als Zweck, niemals bloß als Mittel brauchst." Und an anderer Stelle: „Handle so, dass die Maxime deines Willens zugleich als Prinzip einer allgemeinen Gesetzgebung gelten kann." Auch in seinem Essay *Zum Ewigen Frieden* schreibt Immanuel Kant, dieser Frieden sei nur erreichbar unter der Voraussetzung einer Gemeinschaft von Vernunftwesen, die „prinzipiell dem Kategorischen Imperativ gemäß handeln".[102] Unwahrscheinlich, so scheint mir, dass selbst Hochleistungscomputer jemals etwas Vergleichbares zustande bringen könnten.

Doch zurück zu Hofstadters und Sanders Analogiebildung. Um auf kreative Analogien zu kommen, so schreiben die beiden, müsse man von einer Idee vollkommen überzeugt sein. Um eine erfolgreiche kreative Analogie ziehen zu können, bedürfe es der Fähigkeit, den Kern eines Sachverhaltes zu erkennen, ohne sich von Oberflächlichkeiten ablenken zu lassen. Diese Fähigkeit sei ein derart komplexer Vorgang, dass es absurd wäre zu denken, eine Maschine könnte jemals etwas Vergleichbares erschaffen. Analogien bildeten die Ressourcen für Kreativität. Sie seien geradezu der „Urquell jeglicher Kreativität“. Der Mensch sei immer auf der Suche nach passenden Analogien, nach etwas, was identisch, was ähnlich ist – zum Beispiel Herz und Pumpe. Myriaden von Analogien würden ständig in unseren Gehirnen geboren. Analogien seien im menschlichen Denken omnipräsent. Die Konzepte, in denen wir denken und Begriffe bilden, verdankten wir der Sprache. Sprache und Denken aber seien ohne Analogien und Analogiebildung nicht möglich.[103]

Analogisieren ist nach Meinung der beiden Autoren nicht nur „das Herzblut des Denkens“. Es wirkt auf allen Ebenen des täglichen Lebens, angefangen bei alltäglichen Wahrnehmungen, Interpretationen von Situationen, bei der Beurteilung der Qualität diverser Objekte, der Aufnahme von Kategorien, dem Erwerb neuen Wissens, dem Gebrauch früherer Erfahrungen und Erlebnisse, bei Erinnerungen etc. Dabei kann man sich bei Analogien nur auf die eigene Vergangenheit und die eigene Erfahrung verlassen. Durch die Einwirkung der Außenwelt und der anderen Menschen, durch Erziehung, Bildung, Beruf kommt dann das Kategorisieren hinzu. Selbst Albert Einstein, so schreiben die beiden Wissenschaftler am Ende ihres Buches, habe, um zu den Einsichten in seiner Allgemeinen Relativitätstheorie zu gelangen, mit zahlreichen Analogien gearbeitet, die zu einem großen Teil nicht mathematisch-logische, sondern bildliche Analogien gewesen seien.[104]

Sind Hofstadters und Sanders Analogien, die Analogiebildung schlechthin, wirklich das Herz des Denkens, so können sie als Ursprung der Sprache, der Kreativität, der Emotionen, des Bewusstseins gelten. Aber können ihre Analogien wirklich unser *Ich*, unser Selbst vollständig erklären? Ich denke nicht! Vielleicht ist der Mensch doch noch mehr als seine Analogien. Woher kommt das Potenzial zur Analogiebildung, woher das Potenzial, der Ursprung für Bewusstseinsbildung? So bleibt die Frage, was wirklich Denken, Sein und Bewusstsein sind, was ihr Ursprung ist und wie Denken und Bewusstsein in die Materie, in Minskys „Fleischmaschine" kommt, ungeklärt.

Auch Karl Marx (1818–1883) hat in seinen Frühschriften *Deutsche Ideologie* und *Thesen über Feuerbach* diesen Fragenkomplex aufgegriffen, indem er behauptete: „Nicht das Bewusstsein bestimmt das Sein, sondern das gesellschaftliche Sein bestimmt das Bewusstsein." Und an anderer Stelle: „Das Bewusstsein kann nie etwas anderes sein als das bewusste Sein, und das Sein der Menschen ist ihr wirklicher Lebensprozess."[105] Marxens Sein, das gesellschaftliche Sein als wirklicher dauerhafter Lebensprozess des Menschen, das Sein, welches das Bewusstsein bestimmen soll, ist das nicht vergleichbar mit Hofstadters und Sanders Kategorienbildung? Entsteht dieses Sein nicht durch die Außenwelt, durch Erziehung, Bildung, angelerntes Wissen, Zusammenleben mit anderen Menschen? Und entsteht das Bewusstsein, das Denken – jedenfalls nach Hofstadter und Sander – nicht zu einem großen Teil aus subjektiver Analogiebildung? Dann bestimmen also für diese beiden Forscher die Analogien das Bewusstsein und die Kategorien das Sein mit? Doch warum und wodurch können wir überhaupt Analogien bilden und Kategorien aufnehmen?

Weder die Gehirnchirurgie noch die Genomforschung haben bisher den Ursprung des Bewusstseins bzw. das Rätsel der Bewusstseinsbildung oder die Frage, wie das Bewusstsein in die Materie, in das Gehirn gelangt, erklären können. Und daher gibt es auch keine endgültige Aussage darüber, wie sich Intelligenz, Intellekt, Denken und Sprache entwickeln konnten. Wie kann also Künstliche Intelligenz etwas ersetzen, von dem wir noch keine wesentliche Vorstellung, keinen endgültigen Beweis haben? Die Frage, ob Künstliche Intelligenz Bewusstsein haben kann, gehört immer noch in den Bereich der Science-Fiction.

Ist es möglich, dass sich Bewusstsein und Sein wechselseitig beeinflussen und befruchten, in Symbiose existieren und so Intelligenz, Denken, Kreativität und Sprache entstehen lassen? Ist es gar möglich, dass Bewusstsein etwas Vorgegebenes ist und ihm somit das Potenzial innewohnt, Analogien zu bilden und Kategorien aufzunehmen? Ist es möglich, dass im Menschen etwas Unerklärbares verbleibt, wie es Jaron Lanier in seinem Buch *Wem gehört die Zukunft?* ausdrückt? Oder ist die Evolution des Bewusstseins, die ständige Bewusstseinserweiterung nur ein mechanisch-maschineller Vorgang und können die biologischen Gehirn-Neuronen durch künstliche neuronale Netzwerke substituiert werden? Immerhin: 85 Milliarden interagierende biologische Neuronen im Gehirn sind der Ort unseres Bewusstseins bzw. der Platz, an dem sich Bewusstsein abspielt.

Auf jeden Fall ist das Gehirn – und damit unsere Intelligenz – das einzige, wenn auch beschränkte Instrument, um dem Rätsel des Universums etwas näher zu kommen. Unser Gehirn ist der Motor, der Grund für Sprache, für die Wissenschaften, für unsere Kulturen, für unser Zusammenleben, für unsere Wertvorstellungen. Für die Neurologie ist die Entschlüsselung des Gehirns zur größten wissenschaftlichen Herausforderung dieses Jahrhunderts geworden. Vielleicht ist diese Herausforderung wesentlicher, als künstliche Superintelligenzen ins Universum zu schicken. Schließlich wäre das nicht Science-Fiction.

Kapitel 4

Die Geister, die wir riefen

– oder: Was bleibt vom Menschen?

Maschinen, die selbstständig Entscheidungen treffen, Roboter, die Menschen ersetzen, Software, die (wenn auch unter unfairen Voraussetzungen) Schach-Champions besiegt, Computer, die Bilder und Muster erkennen, Computer und Roboter, die menschliche Arbeitskraft immer schneller verzichtbar machen – Künstliche Intelligenz hat bereits heute unser Leben verändert. Wie aber wird die KI-Zukunft aussehen? Wer wird die Verantwortung für die „Handlungen" all der intelligenten Maschinen tragen? Kann man Ergebnisse und Vorhaben der Künstlichen Intelligenz haftbar machen? Was bleibt – aller Utopie zum Trotz – von alledem doch nur Science-Fiction? Kann Künstliche Intelligenz zur Bedrohung für die Menschheit werden, wie es der britische Astrophysiker Stephen Hawking befürchtet?

Können Programmierer für Entscheidungen ihrer angewandten Künstlichen Intelligenz zur Rechenschaft gezogen werden? Es wird schwierig mit der Haftbarmachung, wenn Algorithmen selbstlernend und eigenständig Entscheidungen treffen, die man denjenigen, die die Algorithmen entworfen haben, nicht mehr zuschreiben kann. Rechtlich unklar werden in Zukunft jene Fälle sein, in denen autonome Entscheidungen Künstlicher Intelligenz menschlichen oder materiellen Schaden verursachen. Das wird beispielsweise selbstfahrende autonome Autos betreffen. Wenn sie, durch Algorithmen gesteuert, auf Künstlicher Intelligenz basieren, wem werden dann die Unfälle mit Autos angelastet, die es selbst bei positiven Prognosen doch immer wieder geben wird? Dem Fahrzeughalter? Dem Programmierer? Dem Hersteller? Kann eine Künstliche Intelligenz, die Selbstständigkeit und Überlegenheit über die menschliche Intelligenz – also Singularität – erreicht hat und handlungsfähig ist, Rechte und Pflichten wahrnehmen und Empathie und Reue zeigen, wenn sie straffällig geworden ist? Kann man solche Wertvorstellungen in Künstliche Intelligenz „hineinprogrammieren"? Können Superintelligenzen dem Menschen gegenüber gar bösartig und zerstörerisch werden? Das sind Fragen, die uns in Zukunft beschäftigen werden. Die Geister, die wir riefen, werden uns nicht loslassen.

Es stellt sich mit alldem bereits heute eine grundlegende Frage: Wenn das Silicon Valley mit Kurzweils, Merkles, Moravecs und auch Schmidhubers Singularität und der Marktmacht seiner Konzerne siegen wird, was bleibt dann vom Menschen? Bleiben die meisten von uns Menschen mit „bloß" biologischer Intelligenz, werden einige von uns halb-künstliche Cyborgs, also Helfer der ausschließlich KI-gesteuerten Superintelligenzen, die nach Meinung ihrer elitären Macher selbstständig denken können, Emotionen haben, Erlebnisse und Erfahrungen machen, schöpferisch sein, gar Sprache entwickeln können? Was ist dann der finale Zweck dieser Evolution? Übernehmen diese Superintelligenzen, die KI-gesteuerten Mini-Roboter die Macht über die Menschen? Machen sie aus uns Haustiere? Erlangen sie gar im nächsten Jahrhundert die Herrschaft im Universum? Können wir Menschen bleiben, auch wenn einige Leute im Silicon Valley Gott spielen wollen?

Wie sagte doch Jaron Lanier am Ende seines *Spiegel*-Interviews vom 30. Juni 2014: „Wenn man glaubt, den Menschen errechnen zu können, ihn als Algorithmus begreift, den man mit anderen Algorithmen zu einem einzigen großen Algorithmus verbinden kann, dann verliert der Mensch das Menschliche. Die Leute von Facebook und Google reden dauernd davon, dass sie alle zu einem übermenschlichen Wesen vereinen wollen. Aber Menschen sind keine Computer, Menschen haben eine mystische Qualität. Verliert man den Glauben an den Menschen, verliert man auch den Glauben an eine Gesellschaft, die den Menschen dient".[106] Hofstadter und Sander stellen sich wie auch Noam Chomsky ebenfalls gegen diesen „Irrglauben" von Facebook, Microsoft, Google und Co. und ihren KI-Forschern. Sie lehnen die „unwissenschaftliche Herangehensweise" der Minskys, Moravecs, Merkles und Kurzweils ab, bezeichnen sie als Science-Fiction und haben versucht zu beweisen, dass die biologische Intelligenz des Menschen wegen ihrer Analogien- und Kategorienbildung, wegen ihrer Kreativität und Sprachschöpfung der Künstlichen Intelligenz überlegen ist und bleiben wird.

Doch die Warnungen und Kritiken dieser einzelnen Wissenschaftler bilden nur eine „Soft Power". Auch wenn sie in ihrer Moralität und ihrem Verantwortungsbewusstsein durchaus Aufklärung schaffen können, liegt die wirklich harte, durchsetzungsfähige geballte wirtschaftliche Macht in den Händen der Internetkonzerne des Silicon Valley und ihrer Forschungseinrichtungen. Dort haben sich das Finanzmarktkapital, techno-wissenschaftliches Wissen, Künstliche Intelligenz, Robotik, Bio-Engineering und Nanotechnik zu einer neuen Ökonomie, zur Wissensökonomie zusammengetan. Gewaltige Summen werden in Start-ups und etablierte Internetkonzerne und ihre Forschungsabteilungen gepumpt. Schon am 18. Dezember 2014 wiesen Wirtschaftsjournalisten der *Welt* darauf hin, dass der Internetkonzern Google einen höheren Börsenwert habe als alle russischen Konzerne zusammen.[107] Die Markt- und Börsenwerte der Silicon-Valley-Firmen steigen – wie wir gesehen haben – in unermessliche Höhen. Grund: In Zukunft erwarten die Investmentbanken, Hedgefonds und Versicherungskonzerne enorme Renditen im Bereich der KI- und Internetwirtschaft. Die in der auf uns zukommenden voll automatisierten Wissensökonomie betriebene Wissensproduktion zielt dabei auf die größtmögliche Ersetzbarkeit der menschlichen Arbeitskraft ab.

Auf welchem Wissen basiert eigentlich die Wissensökonomie? Gibt es unterschiedliche Arten von Wissen? Wird das techno-wissenschaftliche Wissen das einzig anerkannte Wissen in der zukünftigen Wissensökonomie sein? Was ist eigentlich Wissen? Entwickelt es sich aus dem Potenzial unserer biologischen Intelligenz? Wird Wissen durch das Sein – also durch Lebenserfahrungen und Erlebnisse in der Gesellschaft und in unserer Umwelt – bestimmt? Akkumuliert ein vorgegebenes Bewusstsein Wissen? Entsteht Wissen durch Bildung von Analogien und Kategorien? Bildet sich Wissen schon im frühen Kindesalter durch unsere erste, ursprüngliche Beziehung zur Welt? Gibt es außer dem an Hochschulen erlernten techno-wissenschaftlichen Wissen ein nicht wissenschaftliches, intuitives, elementares Wissen? Ist nicht Immanuel Kants Kategorischer Imperativ aus dem ursprünglichen, nicht wissenschaftlichen Wissen des Menschen entstanden, um die Überlebensfähigkeit von Gesellschaften zu ermöglichen? Sagt Kant nicht: „Handle als einzelnes Vernunftwesen immer nur nach derjenigen Maxime, durch die du zugleich wollen kannst, dass sie Gesetz für alle Vernunftwesen werde"? Ist das nicht der oberste Grundsatz einer nicht wissenschaftlichen Moral? Mit anderen Worten: Verantwortung für alle Menschen, Bildung des Gewissens und der Moral sind für Kant durch das gelebte Leben entstanden. Der verantwortungsbewusste Mensch, der das „moralische Gesetz" in sich trägt und achtet, weiß um seinen eigenen Wert, um seine Würde und um den Wert und die Würde aller anderen Menschen.[108]

Unser ursprüngliches elementares Wissen entstand also lange vor dem techno-wissenschaftlichen Wissen. Die tägliche Auseinandersetzung mit der Welt, der Umwelt, der Überlebenswille bilden das Rückgrat von Wissen. Die Menschen entdecken Welt und Umwelt ursprünglich in ihrer sinnlich erfahrbaren Wirklichkeit und bilden daraus auch Kategorien. Wir lernen die Welt auch über unseren Körper kennen, der sich in seiner Lebenszeit in ihr entfaltet. Und diese sinnlich erfahrbare, körperlich erlebte Welt ist die wahrnehmungsfähig gegebene Welt, die unseren Erfahrungen zugrunde liegt. Oder anders ausgedrückt: Es ist unsere alltägliche Lebenswelt, geprägt durch Erfahrungen, Erlebnisse, Wahrnehmungen.

Ohne dieses ursprüngliche körperbezogene Wissen wäre für die Menschen nichts begreiflich sinnvoll. Ohne dieses elementare Wissen könnte sich kein techno-wissenschaftliches Wissen entwickeln. Dieses körperbezogene Wissen, diesen Körpermenschen wollen KI-Forscher und Bio-Informatiker im Silicon Valley nun abschaffen. Das körperbezogene elementare Wissen gilt ihnen als zu primitiv. Im Körpermenschen sehen diese Forscher eine Sackgasse der Evolution. Sie wollen körperlose, entsinnlichte, rein geistige Mind Children, virtuelle Nanobotwesen, ewig lebende Superintelligenzen kreieren. Und zu diesem Zweck versuchen sie, das techno-wissenschaftliche Wissen, das auf unseren Hochschulen erlernbare Wissen als das alleinige, das wahre Wissen zu instrumentalisieren.

Welche Konsequenzen hat diese Entsinnlichung und Entkörperung für das Selbstverständnis der Menschen? Intelligenz setzt das Zusammenspiel unterschiedlicher Formen von Wissen voraus, umfasst unsere Fähigkeit zu denken, zu lernen, zu analysieren, zu unterscheiden, Emotionen zu haben, zu analogisieren, zu fantasieren. Diese Intelligenz, die vor allem auf ursprünglichem Wissen basiert, kann es nur in verkörperter Erscheinungsform geben, nicht aber in Maschinen. Ohne das Mitwirken dieser Erscheinungsform fehlt die Fähigkeit, etwas zu beurteilen, Entscheidungen zu treffen, den Kategorischen Imperativ zu verwirklichen, Erfahrungen zu sammeln. Ohne dieses Mitwirken bleibt von der wissenden Intelligenz nur die Fähigkeit zu rechnen, Informationen zu speichern, kurz: die Roboter-Intelligenz.

Schon heute ist es so, dass das nicht wissenschaftliche, lebendige Alltagswissen kaum noch als Wissen anerkannt wird. Als ein solches gilt heute beinahe ausschließlich das erlernte techno-wissenschaftliche Wissen. Unsere gegenwärtige Zivilisation hat das elementare Wissen als Wissen nahezu disqualifiziert, und das techno-wissenschaftliche Wissen beginnt, für sich das Monopol des Wissens zu beanspruchen. Schon Robert Reich wies in seinem Buch *Die Neue Weltwirtschaft* daraufhin, dass das Techno-Wissen keine allgemeine, „mehrheitliche Wissensgesellschaft" hervorbringen werde, sondern eher eine Herrschaft der Techno-Elite, der Wenigen, der „Symbolanalytiker", also eine Art 20-zu-80-Gesellschaft, in der 80 Prozent – die Mehrheit der Menschen – von der Techno-Elite mit Tittytainment abgespeist wird. So hatten es Ende September 1995 in San Francisco Topmanager der Internetkonzerne aus dem Silicon Valley vorausgesagt.[109]

80 Prozent der Menschen und ihr elementares Wissen sollen also von der zukünftigen Wissensökonomie und Wissensgesell-

schaft ausgeschaltet werden. Sie sollen mit Almosen und einschläferndem 24-stündigem Entertainment ruhiggestellt werden. Wir gehen auf eine Wissensökonomie zu, die das elementare alltägliche Wissen der Massen hinter sich lässt, es überflüssig macht. Die Herrschaft der Techno-Eliten scheint vorprogrammiert zu sein. Es sei denn, die 80 Prozent, die über keine KI-Prothesen verfügen werden, errichten Formen einer Parallelwirtschaft, um in Würde und Selbstbestimmung zu leben. Ich komme am Ende dieses Kapitels darauf zurück.

Die Techno-Wissenschaft ist dabei, eine Welt zu schaffen, die den menschlichen Körper überfordert, ihn durch die exponentielle Beschleunigung und Intensivierung ihrer Maschinen ersetzt, antiquiert. Die nano- und algorithmengesteuerte Techno-Wissenschaft arbeitet daraufhin, die Menschen der Macht von Denkmaschinen und Maschinendenken zu unterwerfen. Die beginnende Verselbstständigung der Wissensökonomie und die damit einhergehende politische Entmachtung der Mehrheit werden die kulturelle Einbettung der Techno-Wissenschaft in die Massengesellschaft fast unmöglich machen.

Der Wechsel zu maschinistischem Denken hat den Begriff des Körpermenschen überhaupt auszutreiben. Der Techno-Wissenschaft kommt die Aufgabe zu, den Menschen von seinem bisherigen Leben zu lösen, ihn zu einem körperlosen, anorganischen Wesen zu machen. Genau darum geht es den meisten KI-Forschern in ihrem Streben nach Künstlicher Intelligenz und künstlichem Leben auf unserem Planeten und später im Universum. Es geht um das Ende der Menschheit, wie wir sie heute – noch – kennen. Dabei zeigt sich bei einigen KI-Forschern und Bio-Informatikern ein regelrechter Körperhass. Der Körper ist ihnen nicht nur hinderlich und primitiv, er hat den „reinen Geist“ geradezu in ein Gefängnis gesteckt. Nun gilt es ihnen, diesen Geist von seinem körperlichen Gefängnis zu befreien, ihn gar gottähnlich zu machen. Hier ist wie bereits erwähnt der Einfluss von René Descartes unverkennbar.

Die Auflehnung gegen die körperliche Gefangenschaft des Geistes, der Intelligenz, gegen die Endlichkeit des Lebens, gegen den Tod und die Hinwendung zum ewig lebenden künstlichen Wesen (Nanobotwesen, Mind Children) drückt sich auch im Hass auf die Natur und die Natureingelassenheit des Menschen aus, auch in dem Ekel, aus dem Körper einer Frau geboren und durch das zufällige Zusammentreffen einer Eizelle mit Spermien entstanden zu sein. Diesen Hass erkennt man nicht zuletzt in der Bemühung der Techno-Wissenschaft (Bio-Engineering, Genetic Programming), den biologischen weiblichen Uterus durch einen künstlichen zu ersetzen. Daraus resultiert dann die technisch-wissenschaftliche Rationalisierung der menschlichen Reproduktion. Das heißt: die Schwangerschaft wird abgeschafft. Man wird die Klonung des Menschen verwirklichen können. Die Fortpflanzung wird dann eine Sache von Spezialisten sein. Es handelt sich schließlich um die Industrialisierung der Reproduktion des Menschen in der Art und Weise, wie Bio-Engineering und Genetic Programming bereits die Reproduktion der Tier- und Pflanzenarten industrialisiert.

Für viele KI-Forscher und Bio-Informatiker – das schließt Kurzweil, Minsky, Moravec, Merkle, Bernal, Fletcher und wohl auch Schmidhuber ein – ist die Natur eine Quelle von Zufälligkeiten, Risiken, Missbildungen und Störungen. Sie muss deshalb gezähmt, beherrscht und unterdrückt werden durch ein rationales Ordnen der Welt, das diese Unsicherheiten und Unvorhersehbarkeiten beseitigt. Der Mensch soll nicht länger mehr ein Teil der Natur sein. Zufälle und Schicksale soll es nicht mehr geben. Ziel ist letztendlich die Schöpfung der Menschheit 3.0, einer weltraumgestützten Superzivilisation von algorithmengesteuerten, selbstlernenden, künstlichen Mini-Robotern. So wird das biologische menschliche Wesen – ein Teil jedenfalls – in etwas völlig anderes verwandelt, nämlich in körperlose virtuelle Weltraumintelligenz. Die künstlichen Superintelligenzen, angetrieben durch ihre permanente exponentielle Weiterentwicklung, werden sich dabei selbst betriebsbereit machen und sich schließlich per

Laserstrahlen und mit annähernder Lichtgeschwindigkeit, durch Wurmlöcher hindurch, in den Weltraum aufmachen.

Die große Masse der Menschen hingegen wird wegen ihrer langsamen und beschränkten biologischen Intelligenz an Grenzen stoßen. Diese „alten" Menschen werden nicht in der Lage sein, mit den Superintelligenzen mitzuhalten, und müssen auf der Erde verharren oder gar ersetzt werden. Selbst die partiell mit künstlichen Neuronen aufgewerteten Cyborgs werden den Aufstieg ins Universum nicht schaffen, es sei denn, der künstlich-neuronale Unterschied zwischen menschlichen Robotern (Cyborgs) und Robotermaschinen (Superintelligenzen) würde letztlich aufgehoben oder sie würden ebenbürtig werden.

Doch es könnte auch zu dystopischen Auseinandersetzungen zwischen den superintelligenten Robotermaschinen und den Menschen kommen, denen keine künstlichen Neuronen implantiert wurden, Auseinandersetzungen, die die Robotermaschinen gewinnen werden. So sahen es jedenfalls Hans-Peter Moravec in seinem Hauptwerk *Mind Children* und Ralph Merkle während eines Hofstadter-Symposiums voraus. Nach Moravec und Merkle überlebt die biologische Spezies Mensch niemals den Kampf mit den künstlichen Robot-Intelligenzen. Für Moravec sind die künstlich exponentiell gewachsenen Robot-Intelligenzen der „Gegenmensch". Mit ihm verwirklicht die Wissenschaft ihr ursprüngliches Projekt: Sie befreit sich von der biologisch-körperlichen Menschengattung.[110] Für Merkle müssen dystopische Partikel in den Superintelligenzen bereits vor dem Aufstieg in den Weltraum ausgemerzt werden.

Diese Evolution wird von Kurzweil, Moravec, Merkle, Schmidhuber und Konsorten als „unausweichlich" angesehen. Die Schöpfung Künstlicher Intelligenz mit all ihren Folgen ist für diese KI-Forscher als ein „letzter Akt der Evolution" zu verstehen, um endlich den reinen, rationalen Geist von der Natur und der menschlichen Beschränktheit zu befreien. Es scheint ein beinahe sadistisches Vergnügen zu sein, mit dem diese Mitglieder der KI-Elite die Apokalypse des biologischen Menschen verkünden und herbeisehnen. Man meint, sie wollen selbst keine Menschen mehr sein. Hoffen sie, bei der Singularität dabei zu sein? Hoffen sie, unsterblich zu werden?

Doch all das muss nicht so kommen! Für Noam Chomsky, Jaron Lanier, Douglas Hofstadter und Emmanuel Sander beginnt mit der Singularität Science-Fiction und mit den weltraumgestützten Superintelligenzen die Fantasterei. Lanier hält die universale Unsterblichkeit der posthumanen Wesen für Ersatzreligion. „Wird man sich in Zukunft vor einer Massenbewegung religiöser Spinner fürchten müssen", schreibt er in *Wem gehört die Zukunft?*, „die glauben, die Singularität sei eingetreten? [...] Unsere Geschichte sollte sich ohne Brüche durch angebliche Singularität oder andere Kontinuitätsstörungen entwickeln. Was immer aus den Menschen werden wird, wenn die Technologie immer besser wird, sie werden doch immer Menschen bleiben, wenn diese einfachen Voraussetzungen gegeben sind".[III]

Immerhin darf man behaupten, dass algorithmengesteuerte Roboter wohl kaum einige der Wunderwerke der biologischen Menschen nachvollziehen, geschweige denn hervorbringen könnten. Ich denke da an Beethovens 9. Sinfonie, Mozarts Requiem, Johann Sebastian Bachs Brandenburgische Konzerte, Goethes Faust, Shakespeares Hamlet, James Joyces Ulysses, Homers Ilias und Odyssee, Dantes Göttliche Komödie, Cervantes Don Quixote, an das Gilgamesch-Epos, an die Bhagavad Gita, das heilige Buch der Hindus, an die Schriften der Vorväter der Französischen Revolution etc. Dennoch behaupten KI-Wissenschaftler wie Moravec und andere, dass algorithmengesteuerte Supercomputer in Zukunft Kompositionen und Sinfonien wie die der oben genannten großen schöpferischen Künstler schreiben und spielen, also selbst erschaffen könnten. Sie gehen sogar so weit und prognostizieren, wenn man in einem dunklen Raum Beethovens 9. Sinfonie oder Bachs Brandenburgische Konzerte gleichzeitig im Original hörte und sie von einem Supercomputer gespielt würden, könnte man sie nicht voneinander unterscheiden. Diese KI-Wissenschaftler verstehen nicht, dass die Schöpfungskraft der hier zitierten Künstler aus der Intuition und dem kreativen Ozean ihres Bewusstseins heraus entstanden ist. Die Supercomputer werden Beethovens 9. Sinfonie und Bachs Brandenburgische Konzerte zwar kopieren, nachahmen und nachspielen können, aber sie werden sie oder etwas Ähnliches niemals originär erschaffen können, wie die Schöpfer dieser menschlichen Wunderwerke es getan haben. Dazu fehlen den mit Daten vollgestopften, algorithmengesteuerten Supercomputern die subjektiven Erlebnisse, Lebenserfahrungen, Lebensweisheiten, die Körperlichkeit, die schöpferische Kreativität und auch die tragischen Momente im Leben dieser Künstler.

Dessen ungeachtet sah auch der große britische Futurologe des 19. Jahrhunderts, H. G. Wells, eine Gesellschaft voraus, die von einer Techno-Elite beherrscht sein würde. Seinen Prophezeiungen immer besserer und schnellerer Technologie-Einsätze unterlag ein pessimistisches Menschenbild, dem zufolge die Mehrheit der Menschen mit der Elite der Techno-Wissenschaftler nicht mehr mithalten könnte und zum Parasiten mutieren würde. In seinem Zukunftsroman *The Time Machine* (1894) schreibt er: „Eine nutzlose, parasitäre und genusssüchtige Menschheit lebt von dem Erbe, das die von ihren elitären Vorfahren konstruierten Maschinen vor langer Zeit aufgebaut haben.“[112] Also doch Tittytainment für die Massen? Eine Wissensgesellschaft nur für die wenigen, für die 20 Prozent?

Die Techno-Wissenschaft stellt den Menschen heute, zumindest einigen, in Aussicht, unsterblich zu sein und das Universum zu beherrschen. Schon aus diesem Grunde müssen wir uns mit dieser „Heilslehre“ auseinandersetzen, bevor sie uns überwältigt. Denn der Staat, die Politik wagen es nicht zu intervenieren, zu regulieren, zu vermenschlichen. Das muss die Zivilgesellschaft wohl selbst tun. Künstliche Intelligenz wird heute schon zu losgelassener, exponentiell beschleunigter Technologie-Erneuerung, ohne Rücksicht auf die Lebensformen der Menschheit. An den Aussagen der KI-Wissenschaftler und IT-Manager erkennt man, dass die Tech-Elite des Silicon Valley keine Interventionen des Staates in ihre Forschung wünscht.

Sie wollen keine Regulierung. Sie betrachten die Politik als Feind, als Störenfried ihrer Heilslehre. Politik, so glauben sie, verlangsamt den Fortschritt. Sie werden alles daran setzen, Gesetze des Staates zum Schutze der Bevölkerung zu umgehen. Regulierung und staatliche Vorschriften haben in ihrer Welt nichts zu suchen. Ihre neue Welt können sie nur erobern ohne die Einwirkung von Politik. Umso mehr müsste die Politik versuchen, die „Haftbarmachung der Verursacher" – im Sinne von Ulrich Beck – durchzusetzen.

Dringlich ist dies auch gerade, weil das kalifornische Macht- und Zukunftsmonopol seinerseits weltweit in alle Medien eingreift. Es ist ein Konglomerat, das selbst Hollywood als Mittel benutzt, indem es beispielsweise Christopher Nolans neuen Science-Fiction-Film *Interstellar* finanziell unterstützte und das Drehbuch von den befreundeten Astrophysikern Kip Thorne und Stephen Hawking mitschreiben ließ. In dem Nolan-Film geht es um die Erde in naher Zukunft. Nach der Klimakatastrophe und dem Knappwerden der Nahrungsmittel kündigt sich das Ende der Menschheit auf der Erde an. In einer geheimen Kommandozentrale der NASA arbeiten Wissenschaftler mit Hochdruck daran, das Überleben zumindest eines Teils der Menschheit zu sichern. Der riskante Plan: Der gefeierte Ingenieurwissenschaftler und Weltraumpilot Cooper soll mit anderen Wissenschaftlern per Raumschiff und mit annähernder Lichtgeschwindigkeit in eine ferne Galaxie reisen und dort nach einem anderen bewohnbaren Planeten suchen. Das ganze Filmspektakel kostete über 200 Millionen Dollar und soll nach Christopher Nolan eine „Ode an die bemannte Raumfahrt" sein, von der auch Stephen Hawking überzeugt ist, dass sie schon Ende dieses Jahrhunderts möglich sein und Menschen auf andere Planeten befördern wird.[113]

Der 1942 in Oxford geborene britische theoretische Physiker und Astrophysiker Stephen Hawking – von 1979 bis 2009 auch Inhaber des „Lucasischen Lehrstuhls für Mathematik" an der Universität Cambridge, den einst Sir Isaac Newton innehatte –, lieferte bedeutende

Arbeiten zur Kosmologie, Allgemeinen Relativitätstheorie und zur Physik der Schwarzen Löcher. Durch populärwissenschaftliche Bücher über moderne Physik ist er auch einem breiten Publikum außerhalb der Fachwelt bekannt geworden. Ab 1963 litt Stephen Hawking an ALS (Amyotrophe Lateralsklerose), einer Nervenkrankheit, die ihn fast ganzheitlich lähmte. Er war an den Rollstuhl gefesselt und verlor 1985 nach der Behandlung einer schweren Lungenentzündung auch die Fähigkeit zu sprechen. Danach konnte er sich nur mithilfe eines Sprachcomputers mitteilen, den er mit der Bewegung seiner Augen steuerte. Im März 2018 verstarb er im Alter von 76 Jahren.

Anfang der 1980er-Jahre nahm Hawking an einer Kosmologietagung im Vatikan teil, in der er sein Konzept vorstellte, nach dem das Universum keine Grenzen hat. In seinem Vortrag stellte er das Weltall als ein Phänomen dar, das einfach vorhanden ist und dementsprechend keines Schöpfergottes bedarf. „Wenn das Universum einen Anfang hätte", behauptete Hawking, „könnten wir von der Annahme ausgehen, dass es durch einen Schöpfer geschaffen worden sei. Doch wenn das Universum in der Tat […] keine Grenzen und keinen Rand hat, dann hat es auch weder einen Anfang noch ein Ende; es ist einfach da. Wo ist da noch Raum für einen Schöpfer?" 1986 wurde Stephen Hawking als bekennender Atheist in die Päpstliche Akademie der Wissenschaften aufgenommen.[114]

Nach der Veröffentlichung vieler wissenschaftlicher Arbeiten, der Teilnahme an zahlreichen Fachkongressen und TV-Sendungen äußerte sich Hawking im April 2010 bei einer Sendung der Talkshow *Larry King Live* im US-amerikanischen CNN-Fernsehen über mögliche Risiken, die die Suche nach außerirdischem Leben für die Menschheit haben könnte. Die Aliens könnten uns weit überlegen sein, sie könnten uns Böses antun, so formulierte er. Dennoch befürwortete er eine „Besiedelung des Weltraums" durch Raumschiffe, die bereits Ende unseres Jahrhunderts mit annähernder Lichtgeschwindigkeit in ferne Galaxien aufbrechen könnten. „Mankind must move to outer space within a century to survive", erklärte er den Zuschauern der Larry-King-Show. Von dem Bau dieser Raumschiffe, die Wissenschaftler und Techniker schon im 21. Jahrhundert bereitstellen würden, war Hawking überzeugt.[115]

Worin sah Hawking die Notwendigkeit, den Weltraum durch Menschen zu besiedeln? Für Forschungszwecke, um im All auf Aliens zu stoßen, um sich mit ihnen auszutauschen und unser Wissen zu erweitern, um zu beweisen, dass für die Entstehung des Universums kein Gott notwendig gewesen sei? Das auch. Aber es war noch viel mehr. In der ersten Dezemberwoche 2014 überraschte Stephen Hawking die Menschheit in einer BBC-Live-Sendung mit einem Apokalypse-Szenario, das den möglichen Untergang der Spezies Mensch voraussah. Dabei drohte Hawking zufolge eine solche Entwicklung nicht durch Krieg oder eine Klimakatastrophe, sondern durch Künstliche Intelligenz. Sie werde schon bald beginnen, die menschlich-biologische Intelligenz zu verdrängen und damit „den Menschen als Erdbewohner abzulösen". „Wenn die Künstliche Intelligenz", so Hawking, „erst vollständig entwickelt ist, dann könnte das das Ende der Menschheit bedeuten. Die Künstliche Intelligenz wird gleichsam sich selbst steuern, sich selbst betriebsbereit machen und sich permanent immer schneller und schneller entwickeln und verbessern. Die Menschen sind durch ihre langsame biologische Evolution begrenzt, sie können nicht mithalten und werden ersetzt".[116]

Diese Botschaft schlug nicht nur in Fachkreisen wie eine Bombe ein, schienen sich doch die Weltraumprognosen der Kurzweils, Moravecs und Merkles teilweise zu bewahrheiten, zumindest nach Hawkings Szenario. Allerdings mit einem großen Unterschied: Während Kurzweil, Moravec und Merkle ihre künstlichen Superintelligenzen, die Nanobotwesen und Mind Children, auf Laserstrahlen und durch Wurmlöcher hindurch ins Weltall senden wollen, will Stephen Hawking den jetzigen biologischen Menschen vor diesen molekularen, möglicherweise dystopischen Superintelligenzen retten, indem er sie – zumindest einen Teil von ihnen – mit riesigen Raumschiffen ins Universum katapultiert. Hawking will also den Homo sapiens vor seinem eigenen geistigen Geschöpf, den Superintelligenzen, in Schutz nehmen. Er will den biologischen Menschen bewahren, sieht aber die einzige Möglichkeit dazu in der extraterrestrischen Flucht. Das scheinbar Widersprüchliche an Hawkings Aussage war, dass er, der wegen seiner ALS-Nervenkrankheit fast gänzlich gelähmt war und selbst nicht mehr sprechen konnte, diese Prognose klar und deutlich zu artikulieren vermochte, weil er gleichzeitig in der BBC-Sendung seinen neuen Sprachcomputer vorstellte. Das Inputsystem seines neuen Sprachcomputers basierte auf einem Algorithmus, der davon ausging, was Hawking in der Vergangenheit zu diesen oder ähnlichen Themen gesagt hatte, und daraus Prognosen darüber traf, was er momentan sagen wollte. Das heißt: Hawking warnte mit den Forschungsergebnissen der Künstlichen Intelligenz vor den möglichen zukünftigen Folgen der Künstlichen Intelligenz. Die Maschine, die Hawking nutzte, könnte ihn und uns also in Zukunft erledigen, überflüssig machen, entsorgen. Er ging davon aus, dass wir von diesem Weg in der KI-Forschung nicht mehr abzubringen seien. Wir würden weiterhin an der Entwicklung algorithmengesteuerter, virtueller Superintelligenzen arbeiten. Wir könnten nicht anders. Die Forschung könne nicht gestoppt werden.

Daraus entstanden Hawkings Bedenken hinsichtlich der Künstlichen Intelligenz, der superintelligenten Maschinen, von Menschen erfunden, die den Menschen schon bald überlegen sein werden, die die Apokalypse, das Ende der biologischen Menschheit herbeiführen könnten. Es sind die Geister, die die Forschung rief und die uns laut Hawking zu beseitigen drohen. „Wenn wir eine längerfristige Zukunft haben wollen", erläuterte Hawking in der BBC-Sendung, „dann müssen wir unseren Horizont über die Erde hinaus erweitern. Wir müssen uns mit Raumschiffen in den Weltraum begeben, zu den Sternen, damit eine Katastrophe auf der Erde nicht das Ende der Menschheit bedeutet."[117]

Die nicht mit Künstlicher Intelligenz implantierte Mehrheit der Menschen wird allerdings nicht in die zur Verfügung stehenden

Raumschiffe hineinpassen, um sich ins Weltall zu begeben. Dazu werden die Aufnahmekapazitäten der Raumschiffe wohl nicht ausreichen. Wahrscheinlich wird nur ein Teil der Techno-Elite, der sich selbst mit KI aufgewertet hat, die Raumschiffe besetzen können. Vielleicht wird es dabei zu einem Krieg kommen, weil viele der nicht mit KI aufgewerteten Menschen vor der auf sie zukommenden Katastrophe mit in die Raumschiffe wollen, aber daran von der Techno-Elite gehindert werden. Auch das ist ein vages, aber durchaus denkbares Szenario.

Doch zurück zu Stephen Hawking. 2014 warnte er in einem offenen Brief davor, die Risiken, die von der KI ausgehen, zu unterschätzen. Das wäre der „größte Fehler in der Geschichte". Alles, so schrieb er, was Menschen erfunden und entwickelt hätten, sei ein Produkt des Intellekts, der Intelligenz. Daher sei auch die Entwicklung einer Künstlichen Superintelligenz „der größte Moment in der Geschichte der Menschheit [...], vielleicht aber auch der letzte." Im Jahr 2015 veröffentlichte Hawking in einem öffentlichen Appell erneut eine Warnung, die sich nun auf den militärischen Einsatz Künstlicher Intelligenz bezog. 16.000 Wissenschaftler, Lehrer, Politiker aus aller Herren Länder unterzeichneten Hawkings Aufruf. Darin bezeichnete er Künstliche Intelligenz als „dritte Revolution in der Waffentechnik" – nach dem Schwarzpulver und der Nukleartechnik. Wenn eine algorithmengesteuerte, selbstlernende Superintelligenz entstünde, betonten Hawking und seine Kollegen, könnte sie nicht nur „Finanzmärkte überlisten, sondern auch Forscher". Sie würde Führungspersönlichkeiten in Wirtschaft und Gesellschaft manipulieren und Waffensysteme entwickeln, die die Menschen nicht mehr verstünden und die sich gegen sie richten könnten. Eine Maschine mit milliardenfach höherer Intelligenz als die höchsten kognitiven Fähigkeiten des Menschen würde beginnen, so Hawking, sich selbst zu optimieren, immer wieder und immer schneller. Das hatten ja schon Ray Kurzweil und Jürgen Schmidhuber prophezeit. Eine „Intelligenzexplosion" wäre die Folge. Die hatte schon 1965 der Mathematiker Irving John

Good vorausgesagt, der in den 1940er-Jahren Chefstatistiker im Alan-Turing-Team gewesen war. „Die erste ultraintelligente Maschine", so hatte Good behauptet, „ist also die letzte Erfindung, die der Mensch je machen muss, vorausgesetzt, die Maschine ist fügsam genug, um uns zu sagen, wie man sie unter Kontrolle hält." Und diese menschliche Kontrolle über die Supermaschine bezweifelte Stephen Hawking.[118]

Noch kurz vor seinem Ableben betonte Stephen Hawking in einem Interview, dass er sich über den Tod und das Weiterleben nach dem Tod keine Illusionen mache. „Ich sehe das Gehirn als einen Computer an, der aufhört zu arbeiten, wenn seine Einzelteile nicht mehr funktionieren [...]. Es gibt kein Leben nach dem Tod für kaputte Computer." Hawking zufolge, so erzählten Kollegen in einer BBC-Sendung am 15. März 2018, entstand das Universum keinesfalls aus dem Nichts. Dem Urknall könnte der Kollaps eines Vorläufer-Universums vorangegangen sein. Und auch das jetzige Universum, das sich seit etwa 13,7 Milliarden Jahren ausdehnt und keine Grenzen hat, könnte eines Tages wieder kollabieren, womit Raum und Zeit enden würden. Und danach beginnt alles wieder von vorn?

Der Chef des Luganer Instituts für Künstliche Intelligenz, Jürgen Schmidhuber, stimmt nicht mit den Warnungen des Astrophysikers Stephen Hawking überein. Hawking warne davor, dass eine sich selbst optimierende Maschinenintelligenz sich gegen ihre Schöpfer wenden könnte und die Menschen deshalb ins Universum auswandern müssten, um zu überleben. Diese Angst müssten wir aber nicht haben, da wir wohl später einmal für superintelligente Maschinen das sein würden, was „für uns heute Ameisen am Amazonas sind". Die ließen wir doch auch leben, „solange sie nicht in unsere Häuser krabbeln würden". Hawkings Flucht per Raumschiff ins Universum sei für die biologischen Menschen nicht nötig, würden es doch, so Schmidhuber, die superintelligenten Maschinen sein, welche die Erde verlassen, denn im Weltraum gebe es „Unmengen an Rohstoffen" für selbstreplizierende KI-Wesen. Dort könnten diese mit künstlichen neuronalen Netzwerken ausgestatteten Superintelligenzen „unglaublich kreativ sein". Die biologischen Menschen hingegen würden auf der Erde verbleiben, in einer „Atmosphäre voller giftigem Sauerstoff, der Roboter bloß rosten" lasse.[119] Die Menschen werden also Erdbewohner bleiben?

Stephen Hawkings Warnung vor der Künstlichen Intelligenz und ihren Auswirkungen auf die Menschheit wurde in einer am 12. Februar 2015 im BBC veröffentlichten wissenschaftlichen Studie des „Future of Humanity Institute" der Oxford University teilweise wiederholt. Die Forscher des Oxford-Instituts erarbeiteten zwölf mögliche Szenarien, wie die Menschheit untergehen könnte. Es ist die erste seriöse wissenschaftliche Untersuchung dieser Art. Unter den zwölf Szenarien befinden sich unter anderem „extremer Klimawandel", der „Ausbruch eines Supervulkans", eine „globale Pandemie" (Ebola, Grippe), der „genetische Bau von Super-Organismen, der in einem Desaster enden könnte", der „Aufschlag eines riesigen Asteroiden", ein „ökologischer Kollaps", aber eben auch die Möglichkeit, dass „Künstliche Intelligenz, algorithmengesteuerte Roboter, die sich selbst betriebsbereit machen", zur Gefahr werden. Diese Superintelligenzen könnten „die Welt übernehmen". Und wenn sie sich entscheiden, dass die Menschheit „keinen Wert für sie hat, könnten sie eine Welt ohne Menschen errichten". Als letzte Apokalypse-Gefahr nennen die Oxford-Wissenschaftler die sogenannte „Regenschirm-Kategorie". Sie steht für Risiken, an die bisher noch niemand gedacht hat. In ihrer Studie sehen die Forscher aber auch eine Chance: „Es geht nicht nur um die Vergänglichkeit, sondern um einen Weckruf, aktiv zu werden, in der Annahme, dass die Menschheit fähig ist, sich den Herausforderungen der Zukunft zu stellen und sie zu Chancen zu wenden."[120]

Ist die Flucht von der Erde eine denkbare Lösung dieser drohenden Katastrophen? Schon in den 1950er-Jahren hatte der jüdisch-ungarische Mathematiker John von Neumann prognostiziert, dass zumindest ein Teil der Menschheit in den Weltraum aufsteigen müsse. Von Neumann, Miterfinder der Spieltheorie, wie Alan Turing Urvater der Computerwissenschaft, machte sich während des Zweiten Weltkriegs angesichts der Bedrohung durch die Nazis daran, mit seinem Wissen an dem Atombombenprogramm der USA (Manhattan Project) mitzuarbeiten. Nach dem Zweiten Weltkrieg war er unter anderem für die US-Waffenschmiede Los Alamos als Analytiker und ebenso für Pentagon-Thinktanks tätig. Dort arbeitete er auch eine Zeit lang mit dem Atomkriegsforscher Herman Kahn zusammen, der von Neumanns Vorstellungen über eine Weltraumbesiedelung folgendermaßen beschreibt: „Von Neumann glaubte, dass sich unsere Erde in einer immer schnelleren und reiferen Krise befinden wird. Eine Krise, die begründet ist in der Tatsache, dass für den zukünftigen technologischen Fortschritt, der unweigerlich auf uns zukommt, die Erde einfach zu klein ist [...]. Wir haben buchstäblich nicht genug Raum und Ressourcen zur Verfügung, um uns technologisch so weiterzuentwickeln, wie wir es in Zukunft könnten. Schon bald werden wir die aktuelle endliche Größe der Erde in einer kritischen Situation zu spüren bekommen. Diese Krise liegt in der Natur der permanenten technologischen Entwicklung und ihrer Beziehung zu unserer endlichen Geografie."[121] Mögliche Weltraumbesiedelungen durch eine technologisch hoch entwickelte menschliche bzw. posthumane künstliche Zivilisation haben also eine längere Vorstellungsgeschichte.

Können wir ein Leben mit Künstlicher Intelligenz voraussehen, ist diese Zukunft programmierbar? Lassen wir einmal die Weltraumprognosen von Kurzweil, Moravec, Schmidhuber, Merkle und auch Hawking beiseite. Fragen wir uns vielmehr: Was für ein Leben auf der Erde wird es sein, wenn es von Künstlicher Intelligenz und „genetischer Neuprogrammierung" regiert wird? Wird es ein durch künstliche neuronale Implantationen intelligenter gemachter Mensch sein, ein Cyborg, der noch immer glaubt, selbstbestimmt handeln zu können? Oder entsteht ein neues Wesen, das uns bereits durch „genetische Neuprogrammierung" haushoch überlegen ist, aber fremdbestimmt handelt? Durch gentechnologische Eingriffe in das Genom, in die Erbanlagen des Menschen vor der Geburt, wie sie der Bio-Informatiker Joseph Fletcher beschreibt und wie sie bereits bei Mäusen und Schafen erfolgreich angewandt werden, könnten wir Menschen kreieren, die mittels einer solchen genetischen Neuprogrammierung vor der Geburt von einem fremden Willen bestimmt werden.

Die so Heranwachsenden müssten ihre in die Gene und ins Gehirn implantierte Fremdherrschaft ein Leben lang erdulden. Sie würden sich immer fragen, wer sie denn seien, ob ihre Entscheidungen vorprogrammiert seien oder ob sie frei und selbstbestimmt getroffen würden. Eine solche Gentechnologie könnte wie eine gesellschaftliche Selektions- und Hierarchiemaschine funktionieren. Die teilweise gentechnologisch und durch KI aufgewerteten Heranwachsenden, die 20 Prozent der 1995 in San Francisco abgehaltenen Konferenz, müssten sich damit abfinden, von einer schon lange vor ihnen vollständig neuronal und genetisch aufgewerteten Hightech-Elite regiert zu werden.

Diese Hightech-Elite wiederum würde die durch KI voll automatisierte Wissensökonomie lenken. Die zum Teil neuronal und genetisch aufgewerteten 20 Prozent Cyborgs wären ihre Helfer. Die Mehrheit der Menschen, die 80 Prozent, deren Gehirne nicht neuronal verbessert, deren Genome nicht gentechnologisch aufgewertet worden wären, könnten an der Wissensökonomie nicht partizipieren. Sie würden für diese Hightech-Wirtschaft wegen ihrer beschränkten biologischen Intelligenz nutzlos sein, ihr zur Last fallen – so, wie es H. G. Wells in seinem Zukunftsroman *The Time Machine* vorausgesagt hatte. Es sei denn, so Kurzweil in *Menschheit 2.0*, man pflanzte in ihre Gehirne doch noch ein bestimmtes niedriges Maß an KI ein, sodass sie in der Lage wären, hier und da Hilfsjobs auszuführen, sich ansonsten aber ruhigstellen ließen. Das wollten ja schon die Masters of the Universe 1995 mit „Tittytainment" erreichen. Aldous Huxley hielt in seiner *Schönen Neuen Welt* mehr von „Soma"-Pillen zur Ruhigstellung der Massen. Wie auch immer, nur eine Wissens- und Technoelite würde die notwendigen Kompetenzen haben, um die künstlichen Maschinenintelligenzsysteme zu lenken und zu überwachen. Dies aber auch nur dann, wenn sie sich nicht dystopisch entwickeln. Die Frage ist also, ob diese Elite die Geister, die sie rief, die mit künstlichen Neuronennetzwerken ausgestatteten Superintelligenzen, noch beherrschen kann.

Bisher ist nur ein kleiner Teil der KI-Evolution verwirklicht. Doch die Idee, Supermenschen, Supermaschinen, Superintelligenzen, künstliche virtuelle Wesen und ewiges Leben zu erschaffen, spukt schon seit Jahrhunderten in den Köpfen der Menschen herum. Wäre es nicht großartig, wenn der menschliche Geist algorithmengesteuerte künstliche Roboter bauen könnte, die sich selbst erhalten, sich selbst reparieren, sich selbst exponentiell verbessern, ewig leben, ewig jung sind, keine Nachkommen produzieren, keine Sexualität besitzen, weder Mann noch Frau sind, sich der biologischen Intelligenz des Menschen als milliardenfach überlegen erweisen, selbst Fühlen und Denken entwickeln – also Dinge, von denen wir, abgesehen von den oben genannten Wissenschaftlern, momentan keine Vorstellung besitzen?

Aber hat auf der anderen Seite nicht schon eine der griechischen Sagengestalten, der Titan Prometheus, versucht, die Menschen den Göttern gleichzumachen, indem er für sie das Feuer aus dem Olymp stahl? Wurde er dafür von den Göttern nicht schwer bestraft? War es nicht die prometheische Hybris, die den Göttern nicht gefiel? Wollte Goethes Faust im Homunculus nicht auch ewiges Leben schaffen? War er dazu nicht sogar willens, sich dem Teufel zu verschreiben? Hat nicht Mary Shelley 1818 *Frankenstein* geschrieben? Ist *Frankenstein* nicht die Geschichte eines Wissenschaftlers, der getrieben ist, ein künstliches superintelligentes Wesen zu kreieren? Aber stattdessen ein Monster, ein Ungeheuer erschafft? Stehen wir in naher Zukunft nicht wieder vor dem Problem, dass wir nicht wissen, ob der menschliche Geist ein bösartiges Monstrum oder eine gutartige Superintelligenz entstehen lässt? Schon Ulrich Beck warnte vor der unkontrollierten, exponentiell beschleunigten Technologieerneuerung, die das Ende des biologischen Menschen heraufbeschwört, also unweigerlich zum künstlichen anorganischen Wesen führen wird.

Das „Human Brain Project", 2005 von KI-Wissenschaftlern und Bio-Informatikern führender Internetkonzerne im Silicon Valley gegründet, erhofft sich von der Deep-Learning-Methode und dem „genetic programming", dass es in zehn bis zwanzig Jahren möglich sein wird, ein vollständig künstliches Gehirn mit elektronischer Stromkreisschaltung, die das neuronale biologische Netzwerk nachbildet, in einen Computer zu übertragen. Dieses künstliche Gehirn innerhalb des Computers soll dann in der Lage sein, zu sprechen, zu fühlen, zu denken und sich so zu verhalten wie ein organisches menschliches Gehirn. Das würde bedeuten, dass wir die Welt des Organischen durch die Schöpfung eines virtuellen Computerwesens verlassen. Unser Leben, unsere Zivilisation würde aufbrechen in die Welt des Anorganischen.[122]

Eine solche Vorstellung eines künstlichen, virtuellen Gehirns reifte schon 1936 im biologischen Gehirn Alan Turings heran. Er prognostizierte damals die Idee einer „Universalmaschine", eines Supercomputers, der das Gehirn nachahmen und schließlich nach umfassender Forschung übertreffen würde. Vielleicht sind wir selbst heute noch nicht willens zu akzeptieren, dass Wesen mit unseren Fähigkeiten, unseren Emotionen, unserem Denkvermögen bald nicht mehr existieren werden, weil sie von künstlichen, anorganischen Lebensformen, deren Intelligenzpotenzial das unsere in den Schatten stellt, überholt werden?

Auf der anderen Seite ist es vielleicht so, dass selbst die modernen Frankensteins – die Kurzweils, Moravecs, Schmidhubers und andere – nicht in der Lage sind, die Zukunft in all ihren Facetten vollständig vorauszusagen. Die bisherige Menschheitsgeschichte zeigt uns, dass selbst die Dinge, die doch allem Anschein nach kurz- und mittelfristig auf uns zukommen sollten, sich häufig nicht durchsetzen konnten wegen unvorhergesehener Stolpersteine, neuer Entdeckungen, Naturkatastrophen, Epidemien, wegen menschlichen Versagens etc. Und dass plötzlich ganz andere, unvorhergesehene Szenarien und Entwicklungen vonstattengingen. Niemand konnte zum Beispiel den plötzlichen Fall der Mauer, den Untergang der Sowjetunion voraussagen. Kaum einer vermochte bis in die 1980er-Jahre das Internet mit all seinen Folgen vorauszusehen.

Die heutige Internet-Evolution umfasst nicht nur technologische und organisatorische Veränderungen, sondern bald vor allem grundlegende Transformationen im menschlichen Denken, in der menschlichen Wissenskapazität. Vielleicht geht es in naher Zukunft tatsächlich um die Umwandlung des biologischen Menschen in eine nicht biologische, künstliche Existenz – zumindest eines Teils der Menschen – mit einem weit höheren Intelligenzlevel. Vielleicht wird der Begriff „Mensch" für dieses künstliche Wesen nicht mehr passend sein. Die Singularitarier im Silicon Valley nennen dieses Wesen immerhin noch Menschheit 3.0, wenngleich es für sie auf einem für uns unvorstellbaren Bewusstseins- und Denklevel funktionieren wird. Wie dem auch sei, dieses Wesen 3.0 wird durch menschliche Forschungs- und Entwicklungstätigkeit entstehen, also durch die Ideen und das Denkvermögen seiner biologischen Erfinder. Biologische Menschen werden diese Halbgötter entstehen lassen, die das Universum intelligent machen und als Nanobotwesen bzw. Mind Children auf Laserstrahlen durch Wurmlöcher hindurch das Weltall besiedeln sollen oder als virtuelle Computerwesen ewig existieren können.

Wir müssen begreifen, dass wir bei der weiteren Forschung und Entwicklung und der daraus entstehenden Evolution nicht einfach auf die Bremse treten und die oben genannten KI-Projekte stoppen können. Das Bündnis zwischen Techno-Wissenschaft und Kapital, zwischen den modernen Frankensteins und ihren Geldgebern aus der Finanzindustrie, die ungeheuren Marktwerte der Internetkonzerne im Silicon Valley und anderswo sind in ihrem synergetischen Zusammenspiel kaum aufzuhalten. Dennoch ist eine endgültige Entscheidung noch nicht gefallen. Wird es möglich sein, dass die superintelligenten Maschinen die Menschheit sogar retten könnten? Könnte die Menschheit von den Superintelligenzen profitieren, wenn diese zum Beispiel mithelfen, Klimakatastrophe, Öko-Desaster, Hunger und Not zu eliminieren? Vielleicht wird sich ein Teil der KI-Forschung, der posthumanen Prophezeiungen, tatsächlich als Science-Fiction erweisen, wie es Douglas Hofstadter, Noam Chomsky und Jaron Lanier behaupten. Vielleicht werden die künstlichen Superintelligenzen keine dystopischen Ausmaße annehmen. Allerdings gibt es keinen Anlass, in dieser Frage sicher zu sein.

Das glaubt auch der schwedische Philosoph und Technikforscher Nick Bostrom. Der Oxford-Professor, bekennender Transhumanist und Leiter des „Future of Humanity Institute" der Oxford University, hält in seinem Buch *Superintelligenz – Szenarien einer kommenden Revolution* die Zukunft von Superintelligenzen für offen. Sie könnten, so schreibt er, eine utopische, aber auch eine dystopische Entwicklung annehmen. Es komme darauf an, wie wir sie programmieren, ob mit unseren Wertvorstellungen von Menschenwürde, Selbstbestimmung, Gerechtigkeit, Gleichheit vor dem Gesetz etc. oder ohne. In einem *Geo*-Interview vom März 2015 antwortete Bostrom auf die Frage, was seine größten Bedenken gegen Künstliche Intelligenz seien: „Dass der Weg dahin unumkehrbar falsch sein könnte. Intelligente Maschinen sind potenziell extrem mächtig, so wie wir Menschen im Vergleich zu anderen Menschenaffen sehr mächtig sind. Wenn die Kriterien, nach denen Maschinen optimal zu handeln versuchen, nicht alles beinhalten, was uns wichtig ist, dann wird es das, was ausgelassen wurde, vielleicht in Zukunft einfach nicht mehr geben." Auf Nachfrage konkretisierte er: „Es ist zum Beispiel denkbar, eine Künstliche Intelligenz zu programmieren, die alles dem Ziel unterordnet, so viele Dezimalstellen der Kreiszahl Pi zu errechnen wie möglich. Sie könnte die Mittel und ein Interesse daran haben, Menschen zu töten, damit niemand sie mehr abschaltet." Ob man Künstliche Intelligenz nicht einfach anders programmieren könnte, fragte *Geo* nach. Darauf Bostrom: „Es ist bis jetzt unmöglich, einem Computer menschliche Werte wie Freude, Freiheit, Gerechtigkeit oder Schönheit einzubauen. Das Risiko besteht, dass wir eine Superintelligenz programmieren, bevor wir in der Lage sind, sie auch mit unseren Werten auszustatten." Danach gefragt, was passieren müsste, antwortete er: „Es gibt ja schon Vorformen Künstlicher Intelligenz wie Drohnen, Cybersicherheits- und Überwachungssysteme, mit deren akuten Folgen sich Bürger und Politiker befassen sollten. Zugleich sollten wirklich gute Mathematiker daran arbeiten, wie eine künftige Superintelligenz an menschliche Werte angepasst werden kann."[123]

Damit aber würden wir unser Schicksal in die Hände von Mathematikern und Computerwissenschaftlern legen. Sie würden entscheiden, ob wir in naher Zukunft von bösartigen oder gutartigen Superintelligenzen beherrscht werden. Oder können Politik und Zivilgesellschaft doch noch gegen einige Formen der Künstlichen Intelligenz intervenieren? Können die Verursacher Künstlicher Intelligenz haftbar gemacht werden? Oder schlägt die Maschine den Menschen? Schlägt Künstliche Intelligenz die biologische Intelligenz des Menschen? Kann der Mensch mit seinen eigenen Erfindungen noch Schritt halten? Geht er einer von ihm selbst vorbereiteten technologischen Apokalypse entgegen? Werden die Geister, die er rief, zu übermächtig, oder wird er sie beherrschen können? Was wird vom Menschen bleiben?

Diese Fragen stellte Günther Anders schon in seinem zuerst 1956 veröffentlichten philosophischen Hauptwerk *Die Antiquiertheit des Menschen. Über die Seele im Zeitalter der zweiten Industriellen Revolution* (Neuauflage, Band 2: *Die Antiquiertheit des Menschen. Über die Zerstörung des Lebens im Zeitalter der dritten Industriellen Revolution*, 1980). Der 1902 als Sohn des deutsch-jüdischen Psychologenehepaars Clara und William Stern in Breslau geborene Günther Stern studierte in Freiburg bei Husserl und Heidegger Philosophie und folgte 1925 nach seiner Dissertation Heidegger an die Universität Marburg. Dort lernte er Hannah Arendt kennen, die er 1929 heiratete und mit der er 1930 nach Berlin zog, wo er seinen Lebensunterhalt als Journalist bestritt und das Pseudonym Günther Anders annahm.

Noch vor der von den Nazis erzwungenen Emigration 1933 machte Anders die „Weltfremdheit des Menschen 2" zum Mittelpunkt seiner philosophischen Untersuchungen. Nach einem Aufenthalt in Paris und der Trennung von Hannah Arendt 1936 lebte er in Kalifornien und New York und arbeitete dort am berühmten „Institute of Social Research". 1950, nach seiner Rückkehr nach Europa, ließ er sich in Wien nieder und veröffentlichte 1956 die *Antiquiertheit des Menschen*. Sie besteht – einschließlich dem späteren Band 2 – aus drei gleichgewichtigen Studien über die Umformung des Menschen im industriellen Zeitalter durch die Konfrontation mit den Maschinen und Fließbändern, den neuen Medien Radio und Fernsehen („Die Welt als Phantom und Matrize") und der Atombombe („Über die Bombe und die Wurzeln unserer Apokalypse-Blindheit"). Günther Anders' Grundthese lautet, dass der Mensch mit seinen eigenen Forschungsergebnissen nicht mehr Schritt halten könne, dass er ihrer Perfektion nicht mehr gewachsen sei. Er spricht vom „prometheischen Gefälle" zwischen den unterschiedlichen Fähigkeiten des Menschen – vor allem zwischen seiner Fähigkeit, etwas herzustellen, und der Fähigkeit, sich die Konsequenzen dieses Herstellens wirklich vor Augen zu führen. Daraus folgt für ihn die „umgekehrte Feuerbach-These", dass es nicht mehr genüge, die Welt zu verändern, sondern man müsse versuchen, die selbst verursachten Veränderungen auch zu verstehen. Für Anders war es eine existenzielle Notwendigkeit, die „Blindheit der Menschen" für die von ihnen „selbst vorbereitete technische Apokalypse zu überwinden", um schließlich gegen deren Eintreten vorgehen zu können.[124]

Anders' Warnung vor der drohenden Apokalypse bzw. vor der „Apokalypse-Blindheit" der Menschen bezog sich vor allem auf die atomare Situation nach den Bombenabwürfen auf Hiroshima und Nagasaki 1945 und dem daraus folgenden Offenbarwerden der globalen Bedrohung durch das Wettrüsten. Für ihn stellte die von Wissenschaftlern hervorgebrachte Möglichkeit, die Menschheit als Gattung aus der Welt zu schaffen, eine ganz und gar neue anthropologische Situation dar. Die Menschheit, so schreibt er, sei mit der Atombombe in eine mögliche „Endzeit" eingetreten, die als „Frist", als Zustand des „Noch-nicht-Explodiertseins" gekennzeichnet werden kann.

Die Hinweise von Günther Anders auf die Blindheit der Menschen vor technologischen Erneuerungen, vor technischen Apokalypsen sollten uns davor warnen, die Künstliche Intelligenz und die sogenannte Singularität und damit die mögliche Abschaffung der biologischen Menschengattung als unausweichlich hinzunehmen. Dass der Pfad, auf dem der technologischen Entwicklung blind gefolgt wird, verlassen werden kann, zeigt die Entscheidung der deutschen Bundesregierung – die von der Mehrheit der Bevölkerung getragen wurde –, die Atomenergie samt ihrer Kraftwerke nach dem Fukushima-Desaster stufenweise abzuschalten, um nicht in eine mögliche atomare Katastrophe zu stolpern.

Vor einem solchen blinden Stolpern in die posthumanen Ausmaße der Künstlichen Intelligenz warnte der US-amerikanische Computerwissenschaftler Jaron Lanier in seiner Rede zum Erhalt des Friedenspreises des Deutschen Buchhandels in Frankfurt am Main am 12. Oktober 2014. Er warnte aber auch vor dem auf uns zukommenden Zeitalter der „Hyperarbeitslosigkeit", geschaffen durch Künstliche Intelligenz. KI, so hob er hervor, sei in naher Zukunft der „gefährlichste Jobkiller". Nicht nur Künstler, Schriftsteller, Journalisten würden enteignet, ihrer Urheberrechte beraubt, wenn Datensauger wie Google loslegten. Ganze Wirtschaftsbranchen würden lahmgelegt werden, es würde arbeiterlose Fabriken geben, in denen Roboter und Computer alle Tätigkeiten übernehmen. Viele gewachsene Strukturen in der Wirtschaft würden dem digitalen Marktplatz geopfert werden. Dabei würde es sich nicht um eine „kreative Zerstörung" von alten Arbeitsplätzen bei gleichzeitiger Schöpfung neuer Arbeitsplätze handeln, sondern um eine reine Zerstörung, wenn dadurch die Mehrheit der

Menschen ihre Arbeit, ihre Sicherheit, ihren Erwerb, ihre Sozialleistungen und ihre Würde verlieren.[125]

Auch unsere Demokratie sei in Gefahr. „Wir leben in gruseligen Zeiten“, sagte Lanier und verwies auf die Datensammelwut und die totale Überwachungsfähigkeit vieler Regierungen, insbesondere der US-Regierung und ihrer Geheimdienste NSA und CIA. Leider sagte Lanier nichts darüber, wie man diese Big-Brother-Überwachung verhindern könnte. Aber nicht nur die Datensammlungen der Geheimdienste seien ein Problem. Jene der IT-Konzerne regulierten schon heute unser Kaufverhalten, unsere Lebensgewohnheiten, unser Weltbild und unser Politikverhalten. Die Daten von Milliarden Menschen seien das, wonach die mächtigen IT-Konzerne des Silicon Valley am meisten gieren. Nicht Öl, Kupfer oder Platin, sondern Daten repräsentierten heute die wertvollsten Rohstoffe. Das Internet sei alles andere als demokratisch, so Lanier weiter, denn die gigantischen Hochleistungsrechner, die größten Datenspeicher und die klügsten Köpfe fänden sich alle in der Hand von ein paar Konzernen und Staaten. Er nennt diese Konzentration das „neue Feudalsystem des 21. Jahrhundert“. Dabei erklärte Lanier in Frankfurt am Main: „Ich bin ein Teil der Internet-Firmenwelt, die ich kritisiere, [...] ich gehöre zur loyalen Opposition“. Das stimmt, denn außer seiner Tätigkeit als Computerwissenschaftler an der University of California in Berkeley hat er gerade wieder eine Forschungsstelle als leitender Programmierer bei Microsoft angenommen.

In seiner Rede sprach Lanier auch von einem „neuen Humanismus“. Damit meinte er unter anderem die Ablehnung bestimmter Formen und Prognosen der Künstlichen Intelligenz. Eine Ablehnung, die sich für ihn darauf gründet, „dass es immer Menschen geben muss, um einen Computer wahrzunehmen, damit er überhaupt existiert [...]. Ohne Menschen sind Computer Raumwärmer, die Muster erzeugen.“ Dabei will Lanier keinesfalls roboterhafte Mechanismen bei der zukünftigen Krankenpflege oder Künstliche Intelligenz im Kampf gegen eine mögliche Klimakatastrophe verwerfen, im Gegenteil. Ebenso wenig will er algorithmengesteuerte Autos ohne Steuer und Fahrer verhindern, da diese helfen könnten, die vielen tödlichen Unfälle zu vermeiden. Auch sieht er große Chancen darin, dass intelligente Computer den Menschen als notwendiges Werkzeug dienen könnten. (Ein gutes Beispiel hierfür wäre Stephen Hawkings algorithmengesteuerter Sprachcomputer.) Doch warnt er davor, dass wir uns von den selbstlernenden Algorithmen alle Entscheidungen abnehmen lassen, da dies uns in eine totale Abhängigkeit bringen könnte.

Was Lanier an der Forschung zur Künstlichen Intelligenz verwirft, sind die „zuversichtlichen Prognosen", ihre Technologien würden eines Tages die Menschen – zumindest einen Teil von ihnen – unsterblich machen. „Google zum Beispiel", so Lanier, „finanziert eine große Organisation mit dem Ziel, den Tod zu überwinden." Und er fährt fort : „Ich kenne einige der Hauptbeteiligten der Anti-Tod- oder posthumanen Bewegung, die im Herzen der Silicon-Valley-Kultur sitzt, und ich bin der Ansicht, die meisten von ihnen leben in einer Traumwelt, die weit weg von jeder rationalen Wissenschaft ist." Es seien auch Wissenschaftler „einfach nur wegen der Finanzierung dabei", Geld komme in dieser Techno-Wissenschaft oft aus „merkwürdig motivierten Quellen". Für Lanier ist die Arithmetik klar: Sollte die „Unsterblichkeits-Technologie" oder auch nur eine „Technologie der drastischen Lebensverlängerung" zu funktionieren anfangen, würde sie entweder auf eine kleine Elite beschränkt bleiben, oder die Menschen müssten aufhören, Kinder in die Welt zu setzen, würden damit aber in eine „unendlich fade Gerontokratie übergehen".[126]

Auch eine andere posthumane Prognose der Singularitarier des Silicon Valley lehnt Lanier scharf ab. Gemeint ist die Prognose des „Human Brain Project", dass Menschen ihr Gehirn per Computer in eine virtuelle Realität hochladen könnten, um „für ewig in einer Software-Form" weiterleben zu können – und das, obwohl wir, so Lanier, „nicht einmal wissen, wie unser Gehirn funktioniert". Wir wüssten ja „nicht einmal, wie Ideen durch unser neuronales Netz repräsentiert werden". Heute, so argumentierte er in Frankfurt am Main, stünden im Silicon Valley viele Milliarden Dollar bereit, um „das menschliche Gehirn zu simulieren". Dabei seien uns noch nicht einmal die grundlegenden Prinzipien bekannt, nach denen es arbeitet. „Wir behandeln Hoffnungen und Glaube, als wären sie etablierte Wissenschaft. Wir behandeln Computer wie religiöse Objekte."[127] Zu ergänzen wäre hier, dass wir ebenfalls nicht wissen, wie das Bewusstsein in die Materie – in das Gehirn – kommt. Außerdem gibt es keine beweiskräftige wissenschaftliche Methode, um das Vorhandensein von Bewusstsein überhaupt festzustellen.

Lanier ging in seiner Frankfurter Rede nur kurz auf Kurzweils, Moravecs und Schmidhubers Weltraumprognosen, auf die Besiedlung des Universums durch künstliche, menschengemachte Superintelligenzen ein. Wahrscheinlich tat er es nicht, weil er diese posthumane Evolution schon in seinem Buch *Wem gehört die Zukunft?* ausführlich als „Fantasterei" und „Ersatzreligion" beurteilt hatte. Jedenfalls sprach er kaum von den für das Ende dieses Jahrhunderts prognostizierten Nanobotwesen, Mind Children oder Superintelligenzen, die in den Weltraum aufsteigen sollen. Vielmehr wies er abschließend darauf hin, dass wir uns nicht darüber einigen müssten, ob im Menschen ein göttliches Element vorhanden sei oder nicht, noch müssten wir absolute Urteile über die letztendliche Natur von Menschen oder Computern abgeben. Doch sollten wir Computer „zumindest so behandeln, als wären sie weniger als menschlich". Für Jaron Lanier sind Menschen „etwas Besonderes": Sie sind mehr als Maschinen, Daten und Algorithmen. Das freilich sei eine Behauptung, die „in Tech-Kreisen des Silicon Valley zu rüdem Spott führte". Tatsächlich gebe es ja auch keinen Beweis, dass sie stimmt. Aber wenn wir nicht an die „menschliche Besonderheit glauben würden, wie könnten wir dann nach einer humanistischen Gesellschaft streben"? Laniers letzter Satz der Frankfurter Rede lautete: „Es sind die Wunder, die wir selbst errichten – die Freundschaften, die Familien, die Bedeutungen –, die staunenswert, glorreich und berauschend sind. Lasst uns die Schöpfung lieben."[128]

Greifen wir noch einmal Laniers Warnung vor den selbstlernenden Algorithmen auf, die uns seiner Meinung nach schon heute mehr und mehr in Abhängigkeit versetzen, das Finanzmarkt-Desaster 2008 mitverursachten, die Lebensmittelspekulation auf den Agrarbörsen bewirken. Schon heute leben wir in einer von Algorithmen gesteuerten, von Computern beherrschten Wirtschaft und Gesellschaft. Den Algorithmen – obwohl sie selbst in Hochleistungscomputern Fehler machen, wie wir gesehen haben – wird heutzutage eine beinahe „mythische Macht" zugestanden. Sie regeln eben alles, sie sind Tag und Nacht einsetzbar. In den letzten Jahren, so scheint es, haben wir unsere Entscheidungsfähigkeiten in Wirtschaft, Gesellschaft, Politik und Öffentlichkeit zu immer größeren Teilen an vermeintlich allwissende selbstlernende Algorithmen abgegeben, die für uns Entscheidungen treffen, Probleme lösen, die Zukunft planen. Die intransparenten Algorithmen, mit denen Plattformen wie Facebook und Google ihre Suchergebnisse sortieren und die Nachrichtenströme zusammenstellen, die wir dann als Newsfeed vorgesetzt bekommen, können Wahlen manipulieren und bestimmen. Damit sind diese Unternehmen zu Akteuren der politischen Willensbildung geworden.

Die großen Internetkonzerne Google, Facebook, Apple, Amazon, Microsoft, IBM etc. wissen immer mehr über uns, während wir ihre algorithmengesteuerten Instrumente immer weniger verstehen. Wir befinden uns längst in einer Zeit, in der Algorithmen uns manipulieren. Die Macher und Verwalter selbstlernender Algorithmen wissen inzwischen nicht nur genauer als unsere Eltern und besten Freunde, wer wir sind. Sie wissen bereits, wer wir sein werden. Facebook missbraucht seine Nutzer seit einiger Zeit für Experimente. Der Konzern gab bekannt, dass er mit exakt geplanten Manipulationen eines Algorithmus psychologische Einstellungen von Hunderttausenden Nutzern so steuern konnte, wie er es gewünscht hatte. Berichte über diese Experimente wurden in Wissenschaftszeitschriften der USA veröffentlicht.

Dabei steht die Welt erst am Anfang einer Ära von algorithmengesteuerten, selbstlernenden, urteilenden Maschinen, die alles für uns bewerten, prüfen, lösen, entscheiden werden. Die Teilnahme am globalen Informationsnetz bedeutet schon heute, sich zwangsläufig der Herrschaft der Algorithmen auszusetzen, die sich oft selbstständig machen. Man kann sie auch als Akteure bezeichnen, die im Dunkeln agieren und die digitale Welt formen, mit der uns auseinanderzusetzen wir nun gezwungen werden.

Die Frage lautet: Wie weit soll die Beeinflussung unseres Lebens durch Algorithmen noch gehen, wenn selbst die Mathematiker der Internetkonzerne, die Schöpfer der Algorithmen, nicht genau wissen, wie ihre – von einem gewissen Punkt an – selbstlernenden Systeme funktionieren? Sich ihrer bewusst zu werden müsste ausreichen, um uns vor einer totalen Kontroll- und Entscheidungsübernahme durch algorithmengesteuerte Maschinen zu fürchten und entsprechende Gegenmaßnahmen zu entwickeln.

Man kann vor dem Machtpotenzial algorithmengesteuerter digitaler Technologien gar nicht genug warnen. Wir stehen erst am Anfang tief greifender Veränderungen, die von diesen Technologien ausgehen. In Zukunft geht es wohl ohne Zweifel um eine Machtverschiebung von menschlichen hin zu digitalen Akteuren wie Daten und Algorithmen, bei der sich letztere zu unserem Nachteil entwickeln können. Das wäre dann die Evolution hin zu einer Diktatur der Algorithmen, in der der Mensch die Kontrolle über sein digitales Dasein verlieren könnte.

Mensch gegen Maschine – diese Auseinandersetzung kennen wir insbesondere aus dem Jahr 1997, als der IBM-Computer Deep Blue den damaligen Schachweltmeister Garri Kasparow „besiegte“. Nun hat sich dieser Zweikampf Mensch gegen Maschine im März 2016 wiederholt, als der DeepMind/Google-Computer „AlphaGo“ in der südkoreanischen Hauptstadt Seoul gegen den wohl besten Go-Spieler der Welt, den Südkoreaner Lee Sedol, in fünf Partien antrat. Das jahrtausendealte Strategie-Brettspiel Go, in China entstanden, ist um ein Vielfaches komplexer als Schach. Auf dem Raster aus 19 mal 19 Feldern sind mehr Spielkonstellationen möglich als beim Schach. Bei Go geht es darum, die Steine des Gegners zu umzingeln und dadurch Territorium zu erobern. Go galt – vor allem bei Experten – als eine der letzten Bastionen, auf denen der menschliche Geist noch nicht von einer Maschine besiegt wurde. Bis Anfang 2016 scheiterten die besten algorithmengesteuerten Supercomputer an der Komplexität des strategischen Brettspiels und den besten Go-Spielern. Bis die Entwickler des von Google aufgekauften Londoner Start-up-Unternehmens DeepMind etwas dagegen hatten. Sie hatten schon länger, wie auch Schmidhubers Luganer Institut, an einer neuen Form Künstlicher Intelligenz gearbeitet.

Vom 9. März 2016 an, wie die *New York Times* ab dem 10. März 2016 berichtete, sollte der südkoreanische Rekordmeister Lee Sedol in fünf Partien gegen AlphaGo antreten, ein Computerprogramm, das von DeepMind-Forschern in London entwickelt worden war. Dabei ging es auch um die Auseinandersetzung zweier konkurrierender Denkschulen im Fachbereich Künstliche Intelligenz. In der alten Schule – vor allem geprägt von Marvin Minsky – erzeugen Programmierer durch den Einsatz gigantischer Rechenkraft Maschinenintelligenzen, die streng vorprogrammiert definierte Aufgaben lösen sollen Bestes Beispiel hierfür war der IBM-Computer Deep Blue, der 1997 Kasparow besiegte. Deep Blue, so Experten der neuen Schule, konnte aber „nur" sehr schnell Tausende Schachzüge im Voraus berechnen und nach vorgegebenen Regeln bewerten, er war jedoch nicht selbstlernend. Der AlphaGo-Computer hingegen funktioniert nach dem Vorbild des menschlichen neuronalen Netzwerkes und ist selbstlernend. Für seine Entwickler war eines maßgebend: Das menschliche Gehirn, von Minsky noch als „Fleischmaschine" abgetan, musste als Beleg dafür herhalten, dass man Intelligenz nachbilden und schließlich verbessern kann. Zuerst fütterten sie AlphaGo mit den Datensätzen von Tausenden Go-Spielen. Danach spielte die algorithmengesteuerte Software mehr als 30 Millionen Go-Spiele aus einer Go-Datenbank gegen sich selbst. Auf der Grundlage dieser Datenmenge hat das AlphaGo-System so automatisch Gewinnstrategien entwickelt und selbst erlernt. Gibt es nun mehrere alternative Züge, entscheidet das künstliche neuronale Netz von AlphaGo, welcher so über die besten Gewinnchancen verfügt. Je länger AlphaGo dabei spielt, umso besser und selbstlernender wird er. Die neue Schule setzt also auf die Nachahmung neuronaler Netze des menschlichen Gehirns durch künstliche neuronale Netze, die wiederum durch Algorithmen gesteuert werden. Auch Jürgen Schmidhuber und sein Luganer Institut für Künstliche Intelligenz bedienen sich dieser Methode und nennen es „Deep Learning".

Der Top-Forscher bei DeepMind ist Demis Hassabis, Sohn eines zyprischen Einwanderers, der schon mit 13 Jahren einer der weltbesten Schachspieler seiner Altersklasse war. Um 2010 gründete er in London das Start-up-Unternehmen DeepMind und verkaufte es vier Jahre später an Google. Es ist die bisher größte Investition des Internetriesen aus dem Silicon Valley in Europa. Hassabis Kalkül war, dass die gewaltigen finanziellen Ressourcen Googles ihm den nötigen Freiraum verschaffen würden, um sich ganz auf seine Forschung konzentrieren zu können. Sein Ziel ist es, durch künstliche neuronale Netze eine superintelligente Maschine herzustellen, die schließlich ein menschliches Bewusstsein entwickeln kann und dieses dann überflügelt. Abgesehen davon ist Hassabis aber auch davon überzeugt, dass sich bereits die kurzfristigen großen Fragen der Menschheit nur mithilfe Künstlicher Intelligenz lösen lassen. Klimawandel, ökologische Desaster, Börsenentwicklungen, Krankheits- und Lebensverlängerungsforschung, all das sind Bereiche, in denen die Menge an verfügbaren Daten und deren Zusammenhänge die Kapazitäten des menschlichen Gehirns überfordern. Nur die von selbstlernenden Algorithmen gesteuerten künstlichen neuronalen Netze von Supercomputern werden, so glaubt er, in der Lage sein, diese Aufgaben zu erfüllen.[129]

Ob Hassabis Supercomputer menschliches Bewusstsein entwickeln können, darüber wird in Fachkreisen heftig gestritten. 2017 behauptete Fei-Fei Li, Professorin für Computerwissenschaft an der Stanford University in Kalifornien, dass unsere heutigen Maschinen derzeit „näher an einer Waschmaschine denn an einem Terminator" seien. An das Erreichen eines menschlichen Bewusstseins in unserer Zeit sei „nicht zu denken". Auch Professor Raul Rojas, der an der Freien Universität Berlin Künstliche Intelligenz lehrt, meinte 2017, dass Supercomputer ein menschliches Bewusstsein erlangen könnten, „halte ich für ausgeschlossen – zumindest in unserem Jahrhundert". Er schlug zudem vor, die Entwicklung von superintelligenten Maschinen durch Gesetze zu regulieren, denn, so warnte er, „Technologie ist nie neutral. Künstliche Intelligenz bietet einen riesigen Anwendungsbereich für das Gute und das Böse". Diesen Vorschlag hatte der deutsche Soziologe Ulrich Beck bereits in den 1990er-Jahren eingebracht. Dagegen sagte Geoff Hinton, Professor für Informatik an der University of Toronto in Kanada, der mit Schmidhuber und Hassabis zu den Pionieren der neuen Schule zählt, im Jahr 2016, dass es sich bei AlphaGo um ein algorithmengesteuertes Programm handle, das sich wie künstliche neuronale Nervenzellen verhalte, mit vielen Millionen Daten gefüttert werde und selbstlernend sei. Durch die riesige Ansammlung von Daten und die sich dadurch ergebende Selbsterlernung werde ein solches Programm in Zukunft in der Lage sein, selbst Bewusstsein zu entwickeln. Denn Bewusstsein sei nichts anderes als die Aufnahmefähigkeit und Speicherung enormer Datenmengen.

Als am Vortag des 9. März 2016 Google-Boss Eric Schmidt voraussagte, es stehe ein „historischer Augenblick für die Menschheit" bevor, da Googles Computer-Software AlphaGo den besten Go-Spieler der Welt besiegen werde, hielten das selbst Optimisten für verfrüht – vielleicht in zehn Jahren sei das möglich, so prophezeiten sie, aber noch nicht heute. Am Ende gewann AlphaGo vier Partien und Le Sedol eine. Am 27. Mai 2017 wiederholte sich der Sieg von

AlphaGo über den Menschen. AlphaGo besiegte den chinesischen Go-Weltranglistenersten Ke Jie[130]. Die Frage, ob anorganische algorithmengesteuerte neuronale Netze menschliches Bewusstsein entwickeln können, blieb damit aber weiterhin ungeklärt. Auch konnte AlphaGo seine hervorragenden Züge nicht interpretieren.

Der US-amerikanische Informatiker Pedro Domingos, Professor an der Washington University in Seattle, wurde berühmt, weil Zuschauer während der Neujahrsansprache des chinesischen Staatschefs Xi Jinping 2018 in dessen Bücherregal Domingos' Hauptwerk *The Master Algorithm* entdeckten. Das 2015 veröffentlichte Buch, so Domingos in einem *Spiegel*-Interview, werde in China viel gelesen, weil China von einem autoritären Regime regiert werde, das entschlossen sei, selbstlernende Algorithmen zur Überwachung seiner 1,3-Milliarden-Bevölkerung anzuwenden. China werde dabei auf seine enormen Datenmengen zurückgreifen können, aus denen dann selbstlernende Algorithmen schöpfen sollen. Das sei Chinas großer Vorteil gegenüber den USA und Europa. Diese „Master-Algorithmen" würden die Überwachung und Kontrolle der chinesischen Massen leichter übernehmen können als die Kontrolle der Menschen in den offenen Gesellschaften Amerikas und Europas. Dazu stünden in China bereits große staatliche Konzerne wie der Onlinehändler Alibaba, der Internetriese Tencent oder die Suchmaschine Baidu zur Verfügung, die bereits massiv auf die Master-Algorithmen setzten.

Diese selbstlernenden, elektronischen Master-Algorithmen, die in Zukunft, so Domingos, auch die biochemischen Algorithmen, sprich unsere Organe, entziffern und überflügeln sollen, sind dabei neuronalen Netzwerken nachgebildet, wie sie in unseren Gehirnen vorkommen. Sie sind laut Domingos „hochgradig akkurat", weil sie auf der Basis riesiger Datenmengen einen Gesamtausschnitt der Welt besser verstehen können als unser biochemisches Gehirn. Doch durch ihre Selbstlernbarkeit seien sie schließlich „undurchsichtig", und „selbst wir Experten verstehen nicht, wie sie genau funktionieren".[131] Auf das Problem einer möglichen Regulierung angesprochen, antwortete Domingos im *Spiegel*-Interview: „Kein Gesetz wird je detailliert genug sein, um mit der Komplexität moderner Algorithmen mithalten zu können." Doch ohne Regulierung könnten diese Algorithmen schließlich auch nicht programmierte dystopische Ziele verfolgen. Die Gefahr bestehe darin, dass wir den algorithmengesteuerten Maschinen – also der Künstlichen Intelligenz – die Kontrolle über uns überlassen, einfach weil sie „so großartig sind und mehr Daten verarbeiten können als wir." Doch wäre es letztlich nicht die Künstliche Intelligenz, die am Ende Entscheidungen über uns trifft, sondern eine Techno-Elite, die die Künstliche Intelligenz erstellt und kontrolliert.

Für Pedro Domingos sind unsere Organismen, einschließlich das biochemische Gehirn, also Algorithmen und das Leben ist nichts weiter als Daten-Verarbeitung („data processing"). Unsere Intelligenz ist seiner Meinung nach bedeutend wichtiger für die KI-Forschung als unser Bewusstsein. Unbewusste intelligente Master-Algorithmen werden uns bald besser kennen als wir uns selbst. Sie werden unser Leben bestimmen. Am Ende seines Buches *Homo Deus* hinterfragt der israelische Historiker Yuval Noah Harari diese Domingos-Hypothesen und schreibt: „Sind unsere Organismen wirklich nur Algorithmen, und ist das Leben wirklich nur data processing? Was wird schließlich wertvoller sein: Intelligenz oder Bewusstsein?"[132]

Nur wenn Emotionen, Denken, Wünsche und Gefühle in Wirklichkeit nichts anderes als biochemische Algorithmen sind, gibt es keinen Grund, warum Computer von elektronischen Master-Algorithmen gesteuert, diese nicht entschlüsseln sollten und damit auch das Bewusstsein. Wesentliche menschliche Entscheidungen beinhalten jedoch bewusste ethische Dimensionen. Doch Algorithmen und die von ihnen gesteuerten Computer haben keine Ahnung von Ethik oder Moral. Wenn sich die Entscheidungsfähigkeit des heutigen Menschen auf elektronische Master-Algorithmen verschiebt, dann erkennen wir die Welt wohl nicht mehr als Objekt selbstständiger Individuen, die daran arbeiten, die richtigen Entscheidungen zu treffen. Wahrscheinlich betrachten wir dann – wie Kurzweil, Moravec, Schmidhuber und Domingos – das gesamte Universum als einen Datenverarbeitungsstrom, sehen in unseren Organismen, einschließlich in unserem Gehirn, kaum mehr als Algorithmen und glauben, dass die wissenschaftliche Berufung des Menschen darin begründet liegt, im Universum ein allumfassendes Datenverarbeitungssystem zu schaffen, in dem wir dann als Superintelligenzen, Mind Children oder Nanobotwesen aufgehen.

Das große Problem der KI-Forschung – jedenfalls bis heute – ist das menschliche Bewusstsein. Noch immer ist die Frage ungelöst, wie das Bewusstsein in die Materie, in das Organische, in das Gehirn kommt und was eigentlich Bewusstsein ist. Viele der hier beschriebenen KI-Forscher glauben zu wissen, dass auch das Bewusstsein letztlich durch selbstlernende Algorithmen und die Speicherung enormer Datenmengen in Supercomputern nachvollziehbar sein wird. Doch auch wenn Algorithmen, künstliche neuronale Netzwerke und Big Data wahrscheinlich menschlich-biologische Intelligenz überflügeln können, so können sie doch kein menschliches Bewusstsein erschaffen. Trotz ihrer ungeheuren Fähigkeiten fühlen sie nichts, verlangen sie nichts, wünschen sich nichts, haben keine Emotionen, kein Empfinden für Gerechtigkeit oder Schönheit, können nicht Kants Kategorischen Imperativ interpretieren. Computer speichern und verarbeiten ungeheure Datenmengen, werden gesteuert von selbstlernenden anorganischen Algorithmen, ohne dabei subjektive Erfahrungen oder Erlebnisse zu haben und ohne Analogien zu bilden, wie es bei körperlichen, mit Bewusstsein ausgestatteten Menschen der Fall ist. Supercomputer beherrschen durch elektronische Algorithmen Trading-Börsen und Agrarmärkte, sie steuern Autos, heilen Krankheiten, aber sie entwickeln keine persönliche Wesentlichkeit, kein Selbst, kein Bewusstsein.

Das Gleiche gilt für Superintelligenzen – für Nanobotwesen und Mind Children. Auch sie werden vielleicht durch die Implantation von Milliarden künstlicher neuronaler Netzwerke die biologische Intelligenz des Menschen überflügeln können, aber ein Bewusstsein werden sie damit nicht kreieren. Der Ozean menschlichen Bewusstseins wird für sie unerreichbar sein. Wir sind noch immer, um mit Douglas Hofstadter zu sprechen, weit davon entfernt, das menschliche Bewusstsein zu verstehen. Für Jaron Lanier ist das menschliche Bewusstsein geradezu etwas Mystisches. Das zeigt sich nicht zuletzt daran, dass es sich der Entschlüsselung durch Künstliche Intelligenz zu entziehen scheint.

Im Silicon Valley spricht man bereits von der „Entkoppelung" des Bewusstseins von der Intelligenz. Postuliert wird, dass künstliche, durch Algorithmen gesteuerte Intelligenz eine milliardenfach höhere Intelligenz erreichen wird als die biologische Intelligenz des Menschen, ohne dabei den Weg über die Entschlüsselung des menschlichen Bewusstseins nehmen zu müssen. Intelligenz wird im Silicon Valley als wesentlicher angesehen als Bewusstsein. Entsprechend heißt es: Forschung, Konzerne, Armeen werden schließlich nicht ohne Superintelligenzen funktionieren können, sie benötigen jedoch kein Bewusstsein. Forschung und Evolution anorganischer Superintelligenzen könnten so die Entzifferung des menschlichen Bewusstseins einfach übergehen. Was aber wird nach dieser Entkoppelung für die Menschen wesentlich sein: Intelligenz oder Bewusstsein?

KI-Forscher im Silicon Valley scheinen also die Entschlüsselung des Bewusstseins aufgegeben zu haben. Vielleicht, weil sie begreifen mussten, dass Bewusstsein kein Algorithmus ist und damit nicht nachvollziehbar? Kann aber KI ohne Entschlüsselung des Bewusstseins jemals wirklich real werden?

Die Planer der Superintelligenzen wollen ein galaktisches Reich erschaffen, von dem sie selbst nicht wissen, ob es utopisch oder dystopisch sein wird. Sie wissen nicht, wohin der Weg schließlich führen wird, noch, wie ihre künstlichen Kreaturen aussehen werden. Eines aber dürfte ihnen bewusst sein: Wenn die Forschung in der Lage sein wird, den Alterungsprozess und den Tod zu besiegen und anorganische Superintelligenzen zu erschaffen, wird der gegenwärtige Mensch nicht mehr die Krone der Schöpfung sein. Er könnte zur nutzlosen Masse werden. Ein neues Zeitalter wird dann entstehen, das für uns heute unvorstellbar ist.

Die Forschung an der Erschaffung von Superintelligenzen lässt sich wohl nicht aufhalten. Es scheint, als wollten die KI-Forscher und Computerwissenschaftler um alles in der Welt Gottähnlichkeit erreichen. Sie werden im Verfolgen dieses Ziels alles einsetzen, was ihnen zur Verfügung steht. Sie werden vor nichts Halt machen. Der Versuch, Unsterblichkeit und ewiges Leben im Universum zu erlangen, bedeutet für sie die logische Konsequenz ihrer Forschungsvorhaben.

Kehren wir noch einmal zu Jaron Laniers Rede in Frankfurt am Main zurück, in der er uns auffordert, die „Schöpfung zu lieben" und einen „neuen Humanismus" zu schaffen. Tatsächlich müssen wir uns, nehmen wir das ernst, an erster Stelle um den Menschen kümmern. Bevor die Künstliche Intelligenz uns überfordert – technologisch wie finanziell –, sollten wir versuchen, Forschung, Entwicklung und Geldmittel anders zu verteilen: zur Verhinderung einer Klimakatastrophe, zur Abschaffung des Hungers auf der Erde, zur schnelleren und umfassenderen Anwendung der erneuerbaren Energien Sonne, Wind und Wasser und des Energieträgers Wasserstoff, zur Abwendung ökologischer Desaster, um auf unserem blauen Planeten überleben zu können. Ebenso sollten wir angesichts der im zweiten Teil unseres Jahrhunderts auf uns zukommenden und wohl nicht zu verhindernden „Hyperarbeitslosigkeit", die der Einsatz von Robotern, Computern und Sensoren ohne Zweifel mit sich bringen wird, versuchen, eine Parallelwirtschaft für die von Künstlicher Intelligenz „Freigesetzten" zu errichten. Diese Freigesetzten werden in der Hightech-Wirtschaft nicht nur arbeitslos sein, sondern sie werden einfach verwendungsunfähig sein, „un-employable". Das wesentliche Problem ist dann nicht mehr, überhaupt neue Jobs für sie zu kreieren, sondern solche Jobs zu schaffen, die die Freigesetzten besser ausführen können als die algorithmengesteuerten Roboter und Computer.

Diese Parallelwirtschaft könnte die von der Hightech-Wirtschaft Entlassenen, die ominösen 80 Prozent, von denen schon auf der berüchtigten San-Francisco-Konferenz 1995 die Rede war, auffangen und ihnen statt „Tittytainment" ein menschenwürdiges Leben bieten. Dabei müsste die Daseinsvorsorge mithilfe des Staates vergesellschaftet werden; das Gesundheitswesen, Krankenhäuser, Elektrizitätswerke, Wasserwerke, das Postwesen, die Müllabfuhr, Schulen, Universitäten, der Regionalverkehr, der soziale Wohnungsbau etc. müssten in eine genossenschaftlich geführte Parallelwirtschaft übergehen. In diesen lebenswichtigen Bereichen wird es ebenso neue Arbeitsplätze geben wie in der Altenpflege, der Jugendbetreuung, bei Stadtteilerneuerungen und beim Recycling alter, aussortierter, verschrotteter, scheinbar unbrauchbar gewordener Maschinen, Autos, Flugzeuge, Fließbänder, Schiffe, Züge etc. Dieser Schrott muss zu neuem Leben erweckt werden. Er wird dringend gebraucht, um die vollständige Ausplünderung der planetarischen Ressourcen zu verhindern. Wir haben die Pflicht, nachkommenden Generationen die zum Überleben notwendigen Ressourcen und eine nachhaltige Wirtschaft zu hinterlassen.

Nach den Untersuchungen Jeremy Rifkins (*The End of Work*), Robert Reichs (*Die Neue Weltwirtschaft*) und Ulrich Becks (*Kapitalismus ohne Arbeit*) ist die Prognose einer 20-zu-80-Gesellschaft, wie sie die Masters of the Universe 1995 offensichtlich ohne größere Bauchschmerzen geäußert haben, durchaus realistisch. Gemeint ist eine Hyperarbeitslosigkeit von 80 Prozent der Erwerbstätigen, hervorgerufen durch den Einsatz Künstlicher Intelligenz (Automation) in der auf uns zukommenden Hightech-Wirtschaft. Gebraucht werden nach diesen Szenarien zur Aufrechterhaltung der Produktion von Gütern und Dienstleistungen nur noch 20 Prozent der Erwerbstätigen, die Robert Reich als „Symbolanalytiker" bezeichnet, also eine Tech-Elite, wie sie schon heute im Silicon Valley existiert. Der größte Jobkiller der Zukunft wird die Künstliche Intelligenz sein. Wenn aber die Supermaschinen (Roboter und Hochleistungscomputer) die menschliche Arbeit weitestgehend eliminieren, die Menschen also von Arbeit befreien – wie es bei den Ökonomen heißt –, dann haben diese befreiten Menschen das Recht, die Maschinen, deren Produktivität und Wertschöpfung zu besteuern, um ihre Existenz zu sichern und Neubeschäftigung in einer nicht profitorientierten Parallelwirtschaft zu verwirklichen. Mit anderen Worten: die Jobs und Einkommen, die ihnen die Künstliche Intelligenz genommen hat, zahlt diese aus ihren Profiten an die von ihr Entlassenen zurück. Aus dieser Besteuerung der Hightech-Wirtschaft könnten die nicht profitorientierte Parallelwirtschaft und die Gehälter ihrer Beschäftigten finanziert werden. Damit ließe sich das menschenunwürdige Tittytainment-Schicksal der Massen, wie es die Masters of the Universe 1995 vorhergesehen hatten, verhindern. Ob alle von der Hightech-Wirtschaft Entlassenen in der Parallelwirtschaft Arbeit und Auskommen finden werden, bleibt allerdings dahingestellt. Vielleicht könnte hier ein „Bedingungsloses Grundeinkommen" helfen, vor allem durch die Besteuerung der Profite von Google, Facebook, Amazon, Apple und Co.

Auch müsste eine zukünftige aufgeklärte Zivilgesellschaft in die Lage versetzt werden, wenn nötig durch weltweiten zivilen Ungehorsam, auf eine parallele Gemeinwohlwirtschaft hinzuarbeiten, die nicht mehr auf Wachstums- und Wettbewerbsfähigkeitsbesessenheit, Profitmaximierung und Schaffung künstlicher Superintelligenzen ausgerichtet ist, sondern auf Nachhaltigkeit, Daseinsvorsorge, selbstbestimmtes sinnvolles Arbeiten zum Beispiel in der Versorgung mit erneuerbarer Energie durch in Bürgerhand übergegangene städtische, ländliche, also dezentrale E-Werke. Wahrscheinlich werden um 2050 oder schon vorher die ökologischen Systeme, die Klimakrise, die Ressourcenknappheit auf unserem Planeten ohnehin einen Wechsel hin zu einer gemeinwohlorientierten nachhaltigen Parallelwirtschaft erzwingen.

Wenn wir einen neuen Humanismus schaffen wollen, dann muss es uns gelingen, zuerst unsere gewaltigen Probleme auf der Erde zu lösen, bevor eine Techno-Elite ihre entwickelten Superintelligenzen mit Raumschiffen oder über Laserstrahlen und durch Wurmlöcher hindurch ins Universum aufsteigen lässt. Zuerst einmal müssen wir den Hunger beseitigen. Nach den Recherchen der UN-Organisation für Ernährung und Landwirtschaft (FAO) leiden heute über 800 Millionen Menschen an Hunger und Unterernährung. Viele von ihnen, besonders Kinder, sterben an den Folgen der Hungersnot. Sie verhungern, weil algorithmengesteuerte Hochfrequenzcomputer der reichen Investmentbanken und Hedgefonds auf den Agrarrohstoffbörsen mit unseren Lebensmitteln zocken, dabei die Preise für Mais, Roggen, Reis, Hirse, Speiseöl etc. in die Höhe treiben und damit immer mehr Menschen, insbesondere in Afrika, Lateinamerika und Südostasien, in Hunger und Hungertod treiben.[133] Diese Hochfrequenzzockerei mit unseren Lebensmitteln muss ein Ende haben und per Gesetzeskraft verboten werden. Alle heute lebenden Menschen und alle zukünftigen Generationen haben ein Recht auf Leben, egal, wo sie leben, ganz einfach, weil sie Menschen sind. Um 2050 werden wir uns einer Erdbevölkerung von 10 Milliarden Menschen gegenübersehen. Wir müssen sie ernähren. Und wir können es, wenn wir genügend Finanzmittel über die UNO zur Verfügung stellen und große Teile der Erdoberfläche für Nahrungsmittelanbau bereitstellen statt für Fracking, Biobenzin und Rinderzucht.

Wir können und müssen eine Klimakatastrophe, wie sie die immer höheren CO_2-Emissionen infolge der industriellen Verbrennung nicht erneuerbarer Energien mit sich bringen werden, verhindern. Kohle, Öl und Erdgas müssen in der Erde bleiben, Fracking muss gesetzlich verboten werden. Andernfalls kommt es nach einer der letzten Untersuchungen des Club of Rome zu einer Erderwärmung von bis zu 3 bis 4 Grad Celsius um das Jahr 2050 mit verheerenden Folgen. Diese Erderwärmung wird unter anderem zum Anstieg der Meeresspiegel, zu Überschwemmungen von Inseln und Küstengebieten der Kontinente führen. New York, Los Angeles, San Francisco, Sydney, Melbourne, Rotterdam, Bangladesch, Sri Lanka, Mumbai, Shanghai,

Hongkong, Lagos, die Seychellen, die Malediven, die Kanarischen Inseln, Madagaskar und viele andere Inseln, Gebiete und Städte werden überflutet sein. Es wird zu großen Bevölkerungsmigrationen ins Inland der Kontinente kommen, wobei die Nahrungsmittel noch knapper werden und eine noch viel größere Hungersnot und ein viel größerer Hungertod entstehen dürften.[134]

Im November und Dezember 2015 trafen sich 195 Staatschefs mit ihren Ministern und Experten zum Klimagipfel in Paris, um über die Abwendung einer Klimakatastrophe zu verhandeln. Die Beschlüsse waren historisch. Alle 195 Staaten haben sich dazu bekannt, die Erderwärmung nicht nur auf 2 – wie ursprünglich angedacht –, sondern möglichst auf 1,5 Grad Celsius bis 2050 zu begrenzen. Dabei müssen in vielen Ländern noch die Parlamente dem endgültigen Ausstieg aus Kohle, Öl und Erdgas zustimmen. Der Beschluss sieht vor, dass, auf der Grundlage der Emissionen von 1990, bis Mitte des Jahrhunderts 80 bis 90 Prozent der CO_2-Emissionen abgebaut werden müssen, um diese Vorgaben zu erreichen. Die Politik hat damit ein ehrgeiziges Ziel vorgezeichnet. Sie ist willens zu handeln. Doch die Wirtschaft zaudert, besonders in den USA. Noch immer entspringen zu große Gewinne aus der Anwendung von Kohle, Öl und Erdgas. Ohnehin glaubt die Wirtschaft, das Primat über die Politik zu haben. Sie lässt sich von der Politik nichts sagen. Die Politik hat der Wirtschaft für den Erfolg des Beschlusses von Paris keine Auflagen gemacht. Sie glaubt und hofft, dass die Wirtschaft irgendwann „freiwillig“ folgen wird. Das aber dürfte dann zu spät sein. Vielleicht ist ein weltweiter ziviler Ungehorsam notwendig, um die Wirtschaft zu zwingen, die Pariser Beschlüsse umzusetzen.

Wahrscheinlich könnte die Künstliche Intelligenz – vor allem Robotik und Nanotechnik – helfen, die erneuerbaren Primärenergien Sonne, Wind und Wasser und den Energieträger Wasserstoff schneller und umfassender weltweit einsetzbar zu machen und dadurch eine Klimakatastrophe abzuwenden. Künstliche Intelligenz darf insofern nicht ausschließlich als Bedrohung, als etwas rein Negatives angesehen werden. Erforderlich ist es für ihren sinnvollen Einsatz aber, ihre Erforschung, ihre Entwicklung und Finanzierung und ihre Umsetzung in diesem Sinne zu kontrollieren. Von den hochfliegenden technizistischen Träumen vieler heutiger KI-Forscher befreit, ließe sie sich durchaus sinnvoll – und das heißt im Sinne der wirklichen, der biologischen Menschen – nutzen. Das fahrerlose autonome Auto – mit Elektrizität oder Wasserstoff angetrieben – könnte Unfälle und Todesraten auf den Straßen beschränken bzw. eliminieren und die Treibhausgase reduzieren. Die digitale Zukunftsmedizin könnte Alzheimer, Demenz und Krebs besiegen und unser Leben verlängern. Hier könnten die Grundvoraussetzungen für einen „neuen Humanismus" liegen, wie Jaron Lanier ihn in seiner Frankfurter Rede angedacht hat. Erst kommt der Mensch und dann die Maschine – das muss die natürliche Reihenfolge sein. Die Künstliche Intelligenz sollte der Freund der Menschen sein und nicht ihr Feind.

Anmerkungen

1 Martin, Hans-Peter; Schumann, Harald: Die Globalisierungsfalle, Reinbek bei Hamburg 1996, S. 9–12, 13–18; Worldwatch Institute, News Release from Lester Brown, New York, Oktober 1995.

2 Martin/Schumann: Globalisierungsfalle, S. 12–13; Worldwatch Institute, News Release from Lester Brown; Reich, Robert: Die Neue Weltwirtschaft, Frankfurt am Main 1996, S. 252 f.

3 Rifkin, Jeremy: The End of Work, New York 1995, S. 236 f., 249 f.; Martin/Schumann: Globalisierungsfalle, S. 12–13; Reich: Weltwirtschaft, S. 252 f.

4 Martin/Schumann: Globalisierungsfalle, S. 12–13; Rifkin: End of Work, S. 236 f., 249 f.

5 Ebenda, S. 325.

6 D'Aveni, Richard: Hypercompetition. Managing the Dynamics of Strategic Maneuvering. New York 1995, S. 64 f.

7 Schirrmacher, Frank: Ego – Das Spiel des Lebens, Berlin 2013, S. 19–21.

8 taz – Berlin: Interview mit Professor Wolfgang Wahlster vom Deutschen Forschungszentrum für Künstliche Intelligenz in Potsdam, 20. März 2013.

9 Ebenda.

10 New York Times, 6. November 2017; Der Spiegel, Nr. 9, 2015.

11 Ebenda.

12 Ebenda; New York Times, 17. Februar 2015.

13 Oxford Martin Programme on Technology and Employment, University of Oxford, April 2015.

14 Ebenda.

15 Ebenda.

16 Beck, Ulrich: Kapitalismus ohne Arbeit, in: Der Spiegel, Nr. 20, 1996.

17 Lanier, Jaron: Wem gehört die Zukunft?, Hamburg 2013, S. 17 f.; Der Spiegel, Nr. 27: Interview mit Jaron Lanier: „Irgendjemand zahlt immer", 30. Juni 2014.

18 Ebenda; Lanier: Zukunft, S. 35 f., 105 f.

19 Ebenda.

20 Lanier, Jaron: Gadget. Warum die Zukunft uns noch braucht, Berlin 2010, S. 110 f.

21 Der Spiegel, Nr. 18, 28. April 2014, „Die Gesetzlosen“; Los Angeles Times, 24. April 2014.

22 Ebenda.

23 New York Times, 7. Mai 2010; Le Monde diplomatique, Juli 2014, „Der Super-Klick“.

24 Ebenda.

25 Ebenda; New York Times, 7. Mai 2010.

26 Ebenda; Le Monde diplomatique, Juli 2014, „Der Super-Klick“.

27 Oxfam Deutschland: „Mit Essen spielt man nicht“, Bericht vom 9. Mai 2012; FAO-Report, Ernährungsstudie der UNO für das Rechnungsjahr 2010, New York, Januar 2011.

28 Ebenda; Oxfam Deutschland: „Mit Essen spielt man nicht“.

29 Ebenda; Le Monde diplomatique, Juli 2014, „Der Super-Klick“.

30 Ebenda.

31 taz – Berlin: Interview mit William Binney, 3. Juli 2014.

32 Time Magazine, New York, 27. November 2015.

33 Le Monde diplomatique, Januar 2015.

34 Ebenda.

35 Ebenda.

36 Los Angeles Times, 19. Januar 2015.

37 Ebenda.

38 Ebenda; taz am Wochenende, 12./13. September 2015; Der Spiegel Nr. 15, 7. April 2014, „Software frisst die Welt“.

39 Ebenda; taz am Wochenende, 12./13. September 2015; Der Spiegel, Nr. 13, 24. März 2018, „Außer Kontrolle“; Los Angeles Times, 27. März 2018.

40 *Journal of Interrupted Studies*, Edition 2018*; Los Angeles Times*, 15. November 2017.

41 Thomson Reuters Datastream, 20. Juni 2018; New York Stock Exchange, 20. Juni 2018; Lanier, Jaron: 10 Gründe, warum du deine Social Media Accounts sofort löschen musst, Hamburg 2018, S. 10–15, 45–47 und an anderer Stelle.

42 taz am Wochenende, 12./13. September 2015; Der Spiegel, Nr. 15, 7. April 2014, „Software frisst die Welt“. http://de.wikipedia.org/wiki/Raymond_Kurzweil, 6. März 2014.

43 Kurzweil, Ray: Menschheit 2.0. Die Singularität naht, Berlin 2013, S. 10, 228; http://people.idsia.ch/Juergen Schmidhuber/deutsch.html, 27. Dezember 2015; http://de.wikipedia.org/wiki/Ray_Kurzweil, 6. März 2014.

44 Ebenda; http://de.wikipedia.org/wiki/John_von_Neumann, 6. März 2014; Kurzweil: Menschheit 2.0, S. 10, 228.

45 Ebenda; http://de.wikipedia.org/wiki/Alan_Turing, 6. März 2014; Dyson, George: Turing's Cathedral, New York 2012, S. 136 f.

46 http://www.theatlantic.com/magazine/archive/2013/11/the-man-who-would-teach-machines-to-think/309529/, 1. Mai 2014.

47 Ebenda.

48 taz – Berlin, 12./13. September 2015; Geo, März 2015, „Künstliche Intelligenz"; http://people.idsia.ch/Juergen Schmidhuber/deutsch.html, 27. Dezember 2015.

49 Ebenda; Geo, März 2015, „Künstliche Intelligenz"; taz – Berlin, 12./13. September 2015.

50 Kurzweil: Menschheit 2.0, S. 56 f., 134 f.

51 Ebenda; taz – Berlin, 12./13. September 2015; Geo, März 2015, „Künstliche Intelligenz".

52 Gespräch mit dem Physiker Andreas Gebauer.

53 Kurzweil: Menschheit 2.0, S. 56 f., 134 f., 311 f.

54 Ebenda; S. 311 f.

55 Ebenda.

56 Ebenda; http://.com/about/International-Manifesto-of-the-2045-Strategic-Initiative, 24. April 2014.

57 Ebenda; Kurzweil: Menschheit 2.0, S. 312 f.

58 http://www.singularityweblog.com/noam-chomsky-the-singularity-is-science-fiction.

59 http://2045.com/about/International-Manifesto-of-the-2045-Strategic-Initiative, 24. April 2014.

60 http://web.media.mit.edu/minsky/minskyblog.html, 2. Juli 2014.

61 Ebenda; Minsky, Marvin: The Emotion Machine, New York 2006, S. 14 f., 28 f.

62 Aster, Ernst von: Geschichte der Philosophie. Der Kartesianismus, Stuttgart 1958, S. 192–204.

63 Minsky: Emotion Machine, S. 14 f.; http://en.wikipedia.org/wiki/The-Emotion-Machine/Minsky/Marvin, 2. Juli 2014.

64 Ebenda; Minsky: Emotion Machine; Washington Post: Book Review by Neurologist Professor Richard Restak on Marvin Minsky's book: The Emotion Machine, 7. Juni 2010; Nicolelis, Miguel: Beyond Boundaries. The New Neuroscience of Connecting Brains and Machines, New York 2011.

65 http://de.wikipedia.org/wiki/Hans_Moravec, 2. Juli 2014.

66 Ebenda; Moravec, Hans-Peter: Robot: Mere Machine to Transcendent Mind, New York 1998, S. 121 f; Nicolelis: Beyond Boundaries, S. 92 f.

67 http://de.wikipedia.org/wiki/John_Desmond_Bernal, The-World-the-Flesh-and-the-Devil, 2. Juli 2014.

68 Ebenda.

69 http://de.wikipedia.org/wiki/Hans_Moravec, 2. Juli 2014; Moravec: Robot, S. 121 f., 130 f.

70 http://de.wikipedia.org/wiki/Hans_Moravec, 2. Juli 2014; Moravec, Hans-Peter: Mind Children. The Future of Robot and Human Intelligence, Cambridge/Mass. 1988, S. 15 f., 112 f.; Nicolelis: Beyond Boundaries, S. 92 f.

71 http://de.wikipedia.org/wiki/Joseph_Fletcher, 2. Juli 2014; Fletcher, Joseph: The Ethics of Genetic Control: Ending Reproductive Roulette, Buffalo, New York, 1988, S. 67 f.

72 Ebenda.

73 http://de.wikipedia.org/wiki/Raymond_Kurzweil, 6. März 2014.

74 Ebenda; Kurzweil: Menschheit 2.0, S. 29–34.

75 Ebenda.

76 Ebenda, S. 30.

77 Ebenda, S. 30 f.

78 Ebenda; http://people,idsia.ch/Juergen Schmidhuber/deutsch.html, 27. Dezember 2015; Geo, März 2015, „Künstliche Intelligenz"; New York Times, 25. Januar 2016.

79 Kurzweil: Menschheit 2.0, S. 349 f.; Geo, März 2015, „Künstliche Intelligenz".

80 Kurzweil: Menschheit 2.0, S. 349 f.; http://people.idsia.ch/Juergen Schmidhuber/deutsch.html, 27. Dezember 2015.

81 Kurzweil: Menschheit 2.0, S. 349 f., 360 f.

82 Ebenda; http://people.idsia.ch/Juergen Schmidhuber/deutsch.html, 27. Dezember 2015.

83 http://www.american scientist.org/bookshelf/id.3550,content.true,css.print/bookshelf.dspx, 26. Juni 2014.

84 http://2045.com/about/Strategic-Initiative, 24. April 2014.

85 http://2045.com/dialogue/29819.html, 24. April 2014.

86 Ebenda.

87 Der Spiegel, Nr. 29, 14. Juli 2014, Interview mit Professor Wolf Singer: „Das Gehirn würfelt nicht"; Nicolelis: Beyond Boundaries, S. 92 f.

88 http://www.singularity/weblog.corn/noam-chomsky-the-singularity-is-science-fiction.

89 Ebenda.

90 Der Spiegel, Nr. 18, 28. April 2014, Interview mit Douglas Hofstadter: „Sprache ist alles"; http://www.american scientist.org/bookshelf/id.3550,content.true,css.print/bookshelf.aspx, 26. Juni 2014; Hofstadter, Douglas: Gödel, Escher, Bach: An Eternal Golden Braid, New York 1979, S. 213 f., 340 f.

91 Ebenda; Dyson: Turing's Cathedral, S. 48 f.; http://www.theatlantic.com/magazine/archive/2013/11/the-man-who-would-teach-machines-to-think/309539/, 1. Mai 2014.

92 Der Spiegel, Nr. 18, Interview mit Douglas Hofstadter: „Sprache ist alles", 28. April 2014; https://muse.jhu.edu/journals/leonardo/ v034/34.kade.html, 26. Juni 2014.

93 Ebenda.

94 http://www.american scientist.org/bookshelf/id.3550.content.true.css.print/bookshelf.aspx, 26. Juni 2014; https://muse.jhu.edu/journals/leonardo/v034/34.1kade.html, 26. Juni 2014.

95 http://www.american scientist.org/bookshelf/id.3550,content.true,css.print/bookshelf.aspx, 26. Juni 2014.

96 Ebenda.

97 Ebenda.

98 Ebenda.

99 Ebenda; https://muse.jhu.edu/journals/leonardo/ V034/34.1kade.html, 26. Juni 2014.

100 Hofstadter, Douglas/Sander, Emmanuel: Die Analogie. Das Herz des Denkens, Stuttgart 2014, S. 20 f.

101 Ebenda, S. 32 f., 578.

102 Kant, Immanuel: Die drei Kritiken. Über den Kategorischen Imperativ, Stuttgart 1956, S. 244 f.; Kant, Immanuel: Zum Ewigen Frieden, Stuttgart 1956, S. 18 f.

103 Hofstadter/Sander: Analogie, S. 45 f.

104 Ebenda, S. 578 f.

105 Marx, Karl: Die Frühschriften. Deutsche Ideologie – Thesen über Feuerbach, Stuttgart 1953, S. 348–350.

106 Der Spiegel, Nr. 27, 30. Juni 2014, Interview mit Jaron Lanier.

107 Die Welt, 18. Dezember 2014, „Googles Börsenwert".

108 Kant: Die drei Kritiken. Über den Kategorischen Imperativ, S. 244.

109 Martin/Schumann: Globalisierungsfalle, S. 9–12, 13–18; Worldwatch Institute, News Release from Lester Brown; Reich: Weltwirtschaft, S. 252 f.; Rifkin: End of Work, S. 7 f.

110 Moravec: Mind Children, S. 18 f., 110 f.

111 Lanier: Zukunft, S. 457.

112 Wells, H. G.: The Time Machine. New Edition, New York 1940; Wells, H. G.: The Outline of History, Band I, New York 1940, S. 2 f.

113 http://de.wikipedia.org/wiki/Stephen_Hawking, 18. September 2014; Los Angeles Times, 12. September 2014.

114 Hawking, Stephen: Eine kurze Geschichte der Zeit, Reinbek bei Hamburg 1991, Kapitel 8; http://de.wikipedia.org/wiki/Stephen_Hawking, 18. September 2014.

115 Ebenda.

116 Der Spiegel, Nr. 50, „Menschenwürmer", 8. Dezember 2014; BBC Live Broadcast, Stephen Hawking, 4. Dezember 2014.

117 Ebenda.

118 taz – Berlin, taz am Wochenende, 12./13. September 2015; Der Spiegel, Nr. 50, 8. Dezember 2014, „Menschenwürmer"; BBC Live Broadcast, Stephen Hawking, 4. Dezember 2014.

119 Geo, März 2015, „Künstliche Intelligenz"; http://people.idsia.ch/Juergen_Schmidhuber/deutsch.html, 27. Dezember 2015.

120 BBC Science Report, 12. Februar 2015.

121 Kahn, Herman: On Thermonuclear War, Princeton/New Jersey 1961, S. 485.

122 http://www.american scientist.org/bookshelf/id.3550,content.true,css.printbookshelf.aspx, 26. Juni 2014.

123 Geo, März 2015: Interview mit Professor Nick Bostrom; Bostrom, Nick: Superintelligenz – Szenarien einer kommenden Revolution, Berlin 2016, S. 98 f., 124 f.

124 Anders, Günther: Die Antiquiertheit des Menschen. Über die Zerstörung des Lebens im Zeitalter der dritten Industriellen Revolution, Berlin 1980, S. 15–18 und an anderer Stelle.

125 Lanier, Jaron: Rede zum Erhalt des Friedenspreises des Deutschen Buchhandels in Frankfurt am Main, 12. Oktober 2014.

126 Ebenda.

127 Ebenda.

128 Ebenda.

129 https://www.sueddeutsche.de/digital/deep-mind-chef-demis-hassabis-ritter-der-digitalen-tafelrunde-1.1873335, 23. März 2016.

130 New York Times, 10. März 2016 und 11.–14. März 2016; taz – Berlin, 11. März 2016; http://www,sueddeutsche.de/digital/deep-mind-chef-demis-hassabis, 23. März 2016; http://www.theguardian.com/technology/shortcuts/2014/jan,28, 23. März 2016. New York Times, 28. Mai 2017.

131 https://en.wikipedia.org/wiki/The_Master_Algorithm, 2. April 2018; Der Spiegel, Nr. 16, 14. April 2018.

132 Domingos, Pedro, The Master Algorithm: How the Quest for the Ultimate Learning Machine Will Remake Our World, New York 2015, S. 128–133; https://en.wikipedia.org/wiki/The_Master_Algorithm, 2.4.2018; Der Spiegel, Nr. 16, 14. April 2018; Harari, Yuval Noah: Homo Deus, London 2017, S. 462. Harari, Yuval Noah: 21 Lektionen für das 21. Jahrhundert, Beck Verlag 2018, S. 46–48, 90–91.

133 FAO-Report, Ernährungsstudie der UNO für das Rechnungsjahr 2010; Oxfam Deutschland: „Mit Essen spielt man nicht".

134 Randers, Jorgen: 2052: A Global Forecast for the Next Forty Years. A Report to the Club of Rome, Vermont 2012, S. 45 f.

Der gewaltfreie Widerstand, der als Begriff und Aktion den zivilen Ungehorsam einschließt, ist nicht erst in unseren Tagen mit den Aktionen der Nichtregierungsorganisationen gegen Umweltzerstörung, Klimawandel, Hunger und Armut sowie Raubtierkapitalismus entstanden. Vielmehr hat er eine historische Tradition, die untrennbar mit der Entstehungs- und Entwicklungsgeschichte der Demokratie und des Rechtsstaates verbunden ist. Allerdings versuchen noch heute demokratische Staaten, die rechtsstaatliche Legitimität des zivilen Ungehorsams zu untergraben oder ihn gar in die Verfassungsfeindlichkeit abzudrängen.

In diesem Buch soll der Versuch unternommen werden, die geschichtlichen Wurzeln des zivilen Ungehorsams, aber auch seine heutige Notwendigkeit darzustellen. Dass auf dem langen Weg des zivilen Ungehorsams, der hier nachgezeichnet wird, zumeist nur jene sichtbar werden, die aus der großen Zahl, die diesen Weg beschritten haben, hervorgetreten sind, ist ein grundlegendes Manko der Geschichte, das in diesem Buch nicht behoben werden kann. Alle, die sich dem zivilen Ungehorsam verschrieben haben, ob namenlos oder prominent wie Henry David Thoreau, Mahatma Gandhi, Bertrand Russell, Albert „Chief" Luthuli, Martin Luther King jr. oder die Berrigan-Brüder, konnten sich in ihrem gewaltfreien Aufstand nur auf die Menschlichkeit ihrer Mitstreiter und das eigene Gewissen berufen. Dabei war für diese Akteure und ihre namenlosen Mitkämpfer nicht nur das Ziel, sondern auch der steinige Weg dorthin von großer Bedeutung.

Henry David Thoreau lehnte sich gegen den amerikanischen Staat auf, indem er ihm die Steuern verweigerte, weil er den Annexionskrieg der USA gegen Mexiko nicht unterstützen wollte und die Institution der Sklaverei ablehnte. Für seinen zivilen Ungehorsam warf der Staat ihn ins Gefängnis. Mahatma Gandhi praktizierte den zivilen Ungehorsam mit Zehntausenden seiner Anhänger zuerst während seines Aufenthalts in Südafrika und später in seinem Heimatland Indien gegen die Rassendiskriminierung seiner Landsleute durch die britische Kolonialherrschaft. Dabei entwickelte er neue Methoden des zivilen Ungehorsams wie Boykotts, Massendemonstrationen, Missachtung der Gesetze bis hin zum „Hartal“, zum Generalstreik. Dafür musste er mehrere Jahre seines Lebens im Gefängnis verbringen. Der englische Philosoph und Mathematiker Lord Bertrand Russell versuchte sein Leben lang, Kriege und Kriegsvorbereitungen, später dann auch die Atomtests sowie die atomare Rüstung durch Sit-ins, Aufklärung und Aufforderung zur Kriegsdienstverweigerung zu verhindern. Als er 1914, vor Ausbruch des Ersten Weltkriegs, die Jugend Großbritanniens dazu aufrief, den Dienst an der Waffe zu verweigern, wurde er von seiner Regierung inhaftiert. Albert „Chief“ Luthuli, einer der Führer des Zulu-Volkes in Südafrika und Mitstreiter Nelson Mandelas im African National Congress, der Befreiungsbewegung der Schwarzen, lehnte sich gegen das britisch-burische Law-and-Order-System auf, indem er Pass- und Ausgeh-Gesetze missachtete und Massendemonstrationen, Protestmärsche und Arbeitsniederlegungen organisierte. Dafür verurteilte ihn der weiße Staat zu lebenslänglichem Hausarrest. Martin Luther King jr. kämpfte für gleiche Bürgerrechte und gegen die Ghettoisierung der Schwarzen in den USA. Wie Gandhi und Luthuli schuf er Trainingszentren, um die Afroamerikaner zum zivilen Ungehorsam zu erziehen. Mit seinen Anhängern ließ er sich auf Protestmärschen und Blockaden zusammenschlagen, häufig musste er Südstaaten-Gefängnisse aufsuchen. Im April 1968 wurde er von einem weißen Rassisten in Memphis, Tennessee, erschossen. Gegen den Völkermord in Vietnam und gegen die Aufstellung atomarer Erstschlagswaffen in den USA und der Bundesrepublik Deutschland protestierten nicht nur die Jesuitenpater Daniel und Philip Berrigan in den USA und deutsche Schriftsteller wie Heinrich Böll, Günther Grass und Walter Jens, sondern Hunderttausende durch Blockaden, Verbrennen von Einberufungsbefehlen, Ostermärsche, Protestketten etc.

Seit den 70er- und 80er-Jahren des letzten Jahrhunderts bis heute sind es Nichtregierungsorganisationen (NRO), die sich durch zivilen Ungehorsam gegen Umweltzerstörung, Atomversuche, Hunger und Armut in der Dritten Welt und gegen den Raubtierkapitalismus auflehnen. Sie haben vieles bewirkt. Auch indigene Völker wie die Sioux-Indianer im US-Bundesstaat Nord-Dakota beweisen heute mit ihren NRO, dass man gegen übermächtige, rücksichtslose Regierungen wie die Trump-Administration durch zivilen Ungehorsam vorgehen kann, um Klimawandel und Umweltzerstörung zu verhindern und Stammesrechte zu verteidigen.

Doch die alten Methoden des zivilen Ungehorsams reichen heute nicht mehr aus, um das Steuer herumzureißen, um ein nachhaltiges, überlebensfähiges Wirtschaftssystem ohne unbegrenztes Wachstum, ohne Wettbewerbsfähigkeits-Besessenheit, ohne Klimawandel zu schaffen. Der heutige finanzmarktgetriebene Raubtierkapitalismus – einhergehend mit einem von Menschen verursachten Klimawandel, der die Lebensgrundlagen irreversibel zu schädigen droht – ist so übermächtig, so zerstörerisch, so undemokratisch, so menschenfeindlich, dass er nur durch besondere Methoden des gewaltfreien Widerstands in die Schranken verwiesen werden kann: durch einen weltweiten zivilen Ungehorsam, durch eine weltweite Revolution ohne Gewalt, durchgeführt von der Zivilgesellschaft auf Massenbasis. Die auf uns zukommende Klimakatastrophe und die Umweltzerstörungen legitimieren nicht nur den zivilen Ungehorsam, sondern machen ihn unerlässlich. Schließlich geht es ihm darum, unser Überleben und das Leben der nachkommenden Generationen auf unserem Planeten zu gewährleisten. Und das ist immerhin das höchste Gut, das Menschen verteidigen können. Was wir heute brauchen, ist daher eine neue Kultur des gewaltfreien Widerstands, aber auch eine neue Kultur des Mutes, des Mutes zu neuen Formen eines weltweiten gewaltfreien Aufstands, des Mutes zum Erfolg dieses Widerstands – so, wie ihn die Väter des zivilen Ungehorsams vorgelebt haben. Wenn wir überleben wollen, brauchen wir zusätzlich zu den alten Methoden neue, stärker gebündelte Instrumente des zivilen Ungehorsams. Nur durch eine solche Bündelung wird es uns gelingen, dem Raubtierkapitalismus und dem mit ihm einhergehenden Klimawandel Einhalt zu gebieten.

[…] Demokratie ist kein Zustand, sie ist das Programm, und sie ist noch nicht erreicht. Sie ist eine Utopie. Dabei dürfen wir nicht auf letzte Warnsignale aus der Umwelt und durch das Klima warten. Wenn sie eintreten, wird es zu spät sein, um einen Zusammenbruch zu verhindern. Es wird uns wohl nichts anderes übrig bleiben, als durch zivilen Ungehorsam die große Verweigerung des alten Systems anzupacken. Dabei könnte der Generalstreik eine entscheidende Rolle spielen.

Ich bin davon überzeugt, dass wir mithilfe eines zukünftigen weltweiten zivilen Ungehorsams eine solche Demokratie und eine solche nachhaltige Wirtschaft erschaffen können, wenn wir es wirklich wollen. Dann werden die alten Vorstellungen vom ständigen, grenzenlosen Wirtschaftswachstum, von der Ausschaltung des Konkurrenten und von Profitmaximierung um jeden Preis ihrem Ende entgegengehen. Das alte System des antagonistischen Wachstums- und Wettbewerbsfähigkeitskapitalismus wird dann ein Auslaufmodell sein. In 50 Jahren wird man auf dieses System als primitiv, eng und menschenverachtend herabsehen, als Repräsentation eines Wirtschaftssystems, das auf einem niedrigen kulturellen Niveau basierte und zu dem beinahe niemand zurückkehren möchte. Diese Hoffnung dürfen wir nicht aufgeben. Durch die Anwendung der hier aufgezeichneten Maßnahmen eines umfassenden zivilen Ungehorsams können wir dieses Ziel erreichen. Fangen wir mit dem zivilen Ungehorsam gegen die fossilen Energiekonzerne an, erkämpfen wir den schnellstmöglichen Einsatz erneuerbarer Energien in dezentralen, von der Zivilgesellschaft organisierten, finanzierten und geleiteten Kraftwerken, E-Netzen und Speicherstätten.